CD付 カラー版

中学英語を復習して英会話がペラペラになる本

「中学英語」でネイティブに通じる！

巽　一朗
Tatsumi Ichiro

中経出版

はじめに

日本人の英語の実力は？

　世界170カ国中160位（TOEFLのデータによる）。これが日本人の英語の実力です。世界でもトップレベルの科学技術をもち、国民の教育水準も世界トップクラスの日本が、英語に関しては例外のようです。

　これだけ、英語が苦手な国民ですから、海外ではいろいろ損をしています。外国に行けば、社交性がないというありがたくないレッテルをはられています。ビジネスの面でも、交渉力に欠けていたり、説得力がなかったりと、ハンディキャップをもっています。これは大変なことです。

　こうした状況を踏まえると、日本の中学・高校で行われている大学入試重視の英語教育を見直し、実際に活用できる英語を身につけるようにしなくてはなりません。

　この本の目的は、中学英語をおさらいしながら、みなさんの主体性・自己表現能力を、伸ばすことにあります。ですから、最低知っておくべき中学英語の文法を復習しながら、英会話が身につくように構成されています。基本の基本から再スタートできるように書かれた本ですので、「英語はすっかり忘れた」「もう何十年も英語はやっていない」という方でも使いやすいようにできています。

たかが中学英語というなかれ！

　アメリカのある言語学者によると、日常会話に使われている英単語

を分析すると、10語に1語は冠詞 the, a, an が使われているそうです。また、4語に1語は、前置詞の of, to, in, out か、代名詞の I, you, he だったそうです。

　これで、あまり高度な単語は必要ないことがおわかりでしょう。基本英単語プラス中学英語の文法ができていれば、入門英会話をマスターするのは、夢のような話ではありません。

　みなさん、この本をよく読んで、英会話の基本をマスターしましょう。細かな点は気にする必要はありません。英語は「度胸」が一番大切です。会話はつまって当たり前です。外国語を話すわけですから。失敗を繰り返しても、相手に通じればいいのです。Take it easy!「気楽にいこう」。

なぜ日本人は英語が苦手なのか？
―― 苦手意識を克服！　付属の CD の上手な使い方

　この質問に対する答えは、いろいろな要素があって、ひと言では言えません。ただひとつ言えるのは、日本人には完璧主義者が多いようで、「ちゃんと話せないから」「発音に自信がないから」と恥ずかしがり、英語を話すことさえ避けようとすることです。特に周りに日本人がいると、笑われたり、「あんな初歩的なミスをして」などと思われるのではないかと意識過剰になってしまうようです。Take it easy! の精神を忘れないでください。前にも述べましたが、基本の中学英語ができていれば、後は実践練習です。英語学習者、特に初心者が肝に銘じてほしいのは、下手なプライドはもたずに英語は間違えて当然と考え、失敗を繰り返しながら、練習を継続することです。

　実践練習とは、目で読んで、手で書いて、耳で聞いて、口で言う、この4つの要素がすべてそろった練習です。自然な英語力を身につけ

るには、目・手・耳・口の4つを鍛えることが不可欠です。みなさんの多くは、「読むだけの英語」しか学んでこなかったかもしれません。

　幸いにも、この本には付属のCDがあります。CDマークがついているレッスンを収録していますので、よく聞き取って、すぐに口にでるように練習してください。付属のCDに限らず、ほかのCD、ラジオ、テレビ、テープで英語を耳にしたときは、今まで以上に発音に関心をもち、口まねするように心がけてください。この本によって、読者のみなさんが正しい英語学習を身につけ、注意深く英語を聞き、ていねいに話す習慣を身につけることを期待しております。

　なお、本書は1997年に刊行以来長い間ご好評をいただいた『中学英語を復習して英会話がペラペラになる本』をオールカラー化し、より読みやすくしたものです。

2004年7月

巽　一朗

〈CDのご使用について〉
本書のCDはCDプレーヤーでご使用ください（パソコンで使用すると、不都合が生じる場合があります）。

はじめに ― 1

やさしくステップ 1 英会話はじめの一歩はbe動詞から

復習 be動詞は「イコール動詞」――― 14
be動詞のルールを思い出そう

Lesson 1 これが妻の恵子です ――― 16
人称代名詞の変化

Lesson 2 あなたはニューヨーク出身なんですってね ――― 18
be動詞の疑問文・否定文の作り方

文型表 1 出身地を話してみよう ――― 20

Lesson 3 いいや、ちがうよ ――― 22
会話でよく使う短縮形isn't／aren't

文型表 2 be動詞のルールを身につけよう ――― 24

Lesson 4 どなた？ ――― 26
人をたずねる疑問詞 ―― who

Lesson 5 これは何？ ――― 28
モノをたずねるときの疑問詞 ―― what

Lesson 6 あれらが私のゴルフクラブです ――― 32
this, thatの複数形はthese, those

Contents

文型表 3	単数形・複数形の違いを知ろう	34
Lesson 7	ぼくのカギ、どこ？ 場所をたずねる疑問詞 ── where	36
Lesson 8	誰の自転車？ 持ち主をたずねる疑問詞 ── whose	40
文型表 4	持ち主をたずねてみよう	42
Lesson 9	今、何時？ 時刻のたずね方・答え方	44
文型表 5	What time is it? と聞かれたら…	46
Lesson 10	グラスある？ 存在を表すthere	48
文型表 6	There〜.を使えるようにしよう	50

QUIZ-1　be動詞の練習　52

やさしくステップ 2 一般動詞でこんなにしゃべれる！

復習	命令文は動詞の原形を使う 時には厳しく、時にはていねいに	54

Lesson 1	あの男の人、見ろよ	56
	動詞の原形を使う命令文	
Lesson 2	つづりを言ってください	58
	pleaseをつけて、ていねいな命令文	
Lesson 3	散歩に行こうよ	60
	提案するときは、Let's＋動詞の原形	
Lesson 4	妻の作るスパゲッティが大好きなんだ	62
	動作・考え方を表す一般動詞	
Lesson 5	テニスするの？	66
	一般動詞の疑問文・否定文の作り方	
文型表 7	好きなモノ、嫌いなモノをたずねてみよう	70
Lesson 6	私の夫は犬が大好きなの	72
	一般動詞に‐sがつくのは、主語が3人称単数の場合	
Lesson 7	彼女にはアメリカ人の友だちがいるのよ	74
	不規則変化する動詞 ── have	
文型表 8	一般動詞のルールを身につけよう	76
Lesson 8	あなたの朝を英語で語ろう【ビジネスマン編】	78
	朝起きてから会社に着くまでを表現する	
Lesson 9	あなたの朝を英語で語ろう【主婦編】	80
	掃除、洗濯…。家事を英語で表現する	

Contents

QUIZ-2 一般動詞の練習　82

やさしくステップ3　意外に簡単！　英会話の時制

復習 英語は「時」に厳密 ……… 84
進行形「〜している」に挑戦しよう

Lesson 1 洋子のお手伝いをしているのよ ……… 86
現在進行形のポイントはbe動詞

Lesson 2 あなた、聞いているの？ ……… 88
現在進行形の否定文はbe動詞＋not

文型表 9 現在進行形のルールを身につけよう ……… 90

復習 時制の第2弾は「過去形」 ……… 92
「〜した」「〜だった」と言えるようになろう

Lesson 3 どこで財布を落としたんだ？ ……… 96
過去形の文の作り方

Lesson 4 いい週末だった？ ……… 98
過去形の疑問文・否定文の作り方

Lesson 5 寝坊したの？ ……… 100
一般動詞の過去形と理由をたずねる疑問詞 ── why

| 文型表 10 | 過去形をモノにしよう | 102 |

QUIZ-3 現在進行形・過去形の練習　104

やさしくステップ ④ 助動詞を覚えて言いたいことがスラスラ！

復習 助動詞なんて簡単 ——— 106
canを使って助動詞の共通ルールを覚えよう

Lesson 1 助動詞canをマスターしよう ——— 108
「可能」「許可」「依頼」を表す —— can

| 文型表 11 | 助動詞のルールを身につけよう | 110 |

Lesson 2 助動詞willをマスターしよう① ——— 112
「未来」を表す —— will

| 文型表 12 | be going to＋動詞の原形をモノにしよう | 116 |

| 文型表 13 | 未来を表現する言い回しを制覇しよう | 118 |

Lesson 3 助動詞willをマスターしよう② ——— 120
「意志」「依頼」を表す —— will

すぐわかる！ 助動詞一覧表 ——— 122

QUIZ-4 助動詞の練習　124

Contents

やさしくステップ 5 これは便利！ [現在完了、比較・最上級、受け身、前置詞]

復習 現在完了は思ったよりやさしい ─── 126
過去と現在をつなぐ現在完了

Lesson 1 アメリカへ行ったことはある？ ─── 128
現在完了の作り方

文型表 14 現在完了のルールをマスターしよう ─── 130

文型表 15 現在完了で話してみよう ─── 132

復習 これでバッチリ。比較級と最上級 ─── 134
「より〜」「最も〜」を表現する

Lesson 2 あなたが一番背が高い ─── 136
比較級と最上級の作り方

復習 受け身「〜される」を理解しよう ─── 138
主語と目的語が逆転

Lesson 3 彼女はみんなに好かれている ─── 140
会話に出てくる受け身表現

復習 見て理解する前置詞 ─── 142
前置詞を使って広がる英会話の世界

| 文型表 16 | 質問・提案への答え方を覚えよう | 148 |

| QUIZ-5 | 現在完了・比較・受け身・前置詞の練習 | 150 |

やさしくステップ 6 センテンスとセンテンスをつなげて会話！

| Lesson 1 | 何で頭痛なの？ | 152 |
Whyでたずねて、Becauseで答える

| Lesson 2 | 目が覚めたら、お医者さんが僕を見つめていた | 156 |
「～したとき」という意味を表す ── when

| Lesson 3 | 私もそういうの欲しいな | 158 |
「～すること」を表現する ── to不定詞①

| Lesson 4 | 雨が降り始めた | 160 |
「～すること」を表現する ── to不定詞②

| Lesson 5 | いろんな人と話すのは楽しいわ | 164 |
動名詞の使い方

| Lesson 6 | 席は残っていますか | 168 |
同じ意味でも使い分ける ── some, any

| Lesson 7 | どこにもないんだ | 170 |
覚えよう！　some-, any-, no- のついた単語

Contents

Lesson 8	彼は大英博物館に行ったと言っていたわ ——— 174
	文と文をつなげる ── that

文型表 17	Howを使って会話しよう① ——— 178

文型表 18	Howを使って会話しよう② ——— 180

QUIZ-6 いろいろな表現の練習 182

やさしくステップ 7 さあ、日常会話をしてみよう！

Lesson 1	メッセージを残してください ——— 184
	ていねいな依頼 ── could

Lesson 2	次の角を左に曲がってください ——— 186
	「場所」を表現する ── at, on

文型表 19	道案内をしてみよう① ——— 190

文型表 20	道案内をしてみよう② ——— 192

Lesson 3	土曜の6時から ——— 194
	「時」を表す ── on, at

Lesson 4	つけてみていい？ ——— 196
	「許可」を求める助動詞 ── may

| Lesson 5 | おもしろそうだね | 200 |

会話に出てくる ── sound＋形容詞

| 文型表 21 | look, feel etc.＋形容詞に慣れよう | 204 |

| Lesson 6 | お医者さんへ行くつもりだ | 206 |

未来の予定を表す ── be going to＋動詞の原形

| Lesson 7 | 何をしているんですか？ | 208 |

職業をたずねるWhat do you do?

| 文型表 22 | 職業をたずねてみよう | 210 |

| Lesson 8 | 君の新しいガールフレンド、どんな感じ？ | 212 |

like「～のような」の使い方

| Lesson 9 | バーベキューって、何が必要だっけ？ | 214 |

whatを使った疑問文の復習

| Lesson 10 | 今週末に引っ越すのよ | 216 |

近い未来を表現する進行形

| Lesson 11 | 電話番号を調べる | 218 |

電話の英語に挑戦

| Lesson 12 | その男の年は？ | 220 |

過去形の復習

QUIZ-7 一般的な英会話の練習　222

本文イラスト●杉山薫里

やさしくステップ 1

英会話はじめの一歩はbe動詞から

Review Your Junior High English And Speak It Fluently

復習 be動詞は「イコール動詞」
―― be動詞のルールを思い出そう

　右ページの表をご覧ください。「懐かしい」と思われる方もいるでしょうね。英語では、主語が1人称（私＝I・私たち＝we）、2人称（あなた・あなたがた＝you）、3人称（それ以外の人）のどれかによって、動詞が変わってきます。

　ここでは、英語学習のウォーミング・アップとしてbe動詞の勉強から始めます。be動詞の3つの現在形を覚えていますか？　am, is, areでしたね。be動詞の意味は、「です、いる、ある」。言い換えれば、be動詞は、主語とそのあとにくる部分を結ぶ「＝（イコール）」なのです。たとえば、みなさんのほとんどが勉強した文を見てみると、

This is a pen.
これ ＝ ペン

になることがわかりますね。

　英語の動詞は、このbe動詞と、**ステップ2**で勉強する一般動詞の2種類しかありません。そして、一般動詞にはこの「＝」の意味はありません。こんなことを言ったのは、日本人が英語を話そうとすると、何でもbe動詞のひとつ、isでつなげようとする人があまりにも多いからです。中学1年生の最初の英語の時間に勉強したThis is a pen. That is a book.のような例文の印象がよほど強かったのでしょうか。外国人と話すとき、しどろもどろになりながら、「ジャパン　イズ…、ビューティフル　イズ…、イン・スプリング・イズ…、う〜ん、チェリー・ブラッサム・イズ！」なんて、同じ日本人だから理解できるような英語を話していたりするものです。

　エッ、「実は私もそうです」って？　でも、落ち込むことはありません。be動詞は、正しく使えば、本当にたくさんのことを表現できる動詞なのですから。では、さっそく次のページから、英語に少しずつ慣れていきながら、be動詞の練習をしていきましょう。**ステップ**

1が終わる頃には、am, is, areを使っただけで、こんなにいろいろなことが話せるのか、とビックリするはずです。

主語 ——▶ 動詞	例　文
This（これ）——▶ **is**	**This is** a pen. 　　　（これはペンです）
That（あれ）——▶ **is**	**That is** a dog. 　　　（あれは犬です）
I（私）——▶ **am**	**I am** busy. 　　　　　（私はいそがしい）
You（あなた）——▶ **are**	**You are** kind. 　　　 （あなたは親切です）
He（彼）——▶ **is**	**He is** tall. 　　　　　（彼は背が高い）
She（彼女）——▶ **is**	**She is** short. 　　　　（彼女は背が低い）
They（彼ら）——▶ **are**	**They are** fine. 　　　（彼らは元気です）
These（これら）——▶ **are**	**These are** pens. 　　（これらはペンです）
Those（あれら）——▶ **are**	**Those are** gifts. 　（あれらは贈り物です）
It（それ）——▶ **is**	**It is** a dog. 　　　　（それは犬です）
We（私たち）——▶ **are**	**We are** hungry. 　　（私たちはおなかがすいています）

主語で動詞が決まる!!

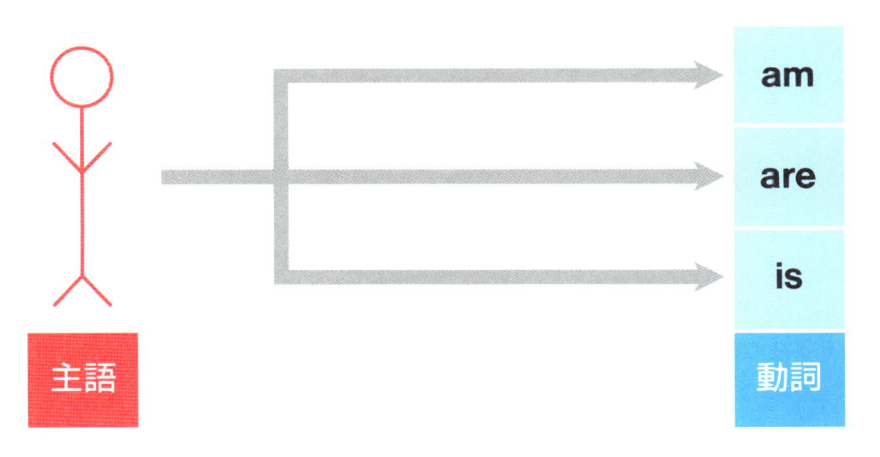

主語 ——▶ am / are / is 　動詞

Lesson 1 これが妻の恵子です

人称代名詞の変化

（外国人夫婦が訪ねてきて）

Michael: Hi! I'm Michael.

Laura: I'm Laura.

Ichiro: Hello. My name is Ichiro.
Keiko!（恵子を呼んで）
And this is my wife, Keiko.

Laura: Nice to meet you.

Keiko: Nice to meet you, too.

単語熟語

Nice to meet you.「はじめまして」

＊厳密には「あなたに会えてうれしい」という意味。初対面のときの「はじめまして、よろしく」という気持ちをこめて使うあいさつ表現です。

訳

マイケル：こんにちは、マイケルです。
ローラ：ローラです。
一朗：こんにちは、一朗と申します。
恵子！(恵子を呼んで)そして、
これが妻の恵子です。
ローラ：はじめまして。
恵子：こちらこそ。

Lesson 1

> # This is my wife, Keiko.
> 「これが妻の恵子です」

人を紹介するときの「こちらは…です」は This is ....

　　　　this はモノだけでなく、ヒトにも使えます。友達感覚の「こいつがね…」もビジネスシーンの「この方が…」も全部 This is ....。

my, your などの所有格が不安な方は下の表でおさらい

　　　　ここでは、wife（妻）は、ほかの誰でもない、「私の」妻なのだから、wife の前に my が必要です。

仲間の名詞は、カンマでつなげる ── 便利な〈同格〉

　　　　「これが私の妻です」「これが恵子です」と、2回にわけなくても、同じ内容を指している名詞なら、カンマでつなぐことができます。これが「同格」という技。役職と名前を一緒に言うときなどにピッタリです。

　　例）This is my boss, Mr. Takei.
　　　　（こちらが上司の武井です）

人称代名詞の変化表

人称	性別	単数 主格	単数 所有格	単数 目的格	複数 主格	複数 所有格	複数 目的格
1人称	男女	I（私）	my	me	we（私たち）	our	us
2人称	男女	you（あなた）	your	you	you（あなたがた）	your	you
3人称	男性	he（彼）	his	him	they（彼ら）	their	them
3人称	女性	she（彼女）	her	her	they（彼女ら）	their	them
3人称	中性	it（それ）	its	it	they（それら）	their	them
主な意味		～は	～の	～を	～は	～の	～を

Lesson 2

あなたはニューヨーク出身なんですってね
be 動詞の疑問文・否定文の作り方

（共通の知人、トンプソンさんを話題に）

A: You are from New York.
B: Yes.
A: Is Mr. Thompson from New York, too?
B: No. He is from Atlanta.
A: From Atlanta?
B: Yes.

単語熟語　「はい」と答える場合、Yes. が普通です。ほかには、Exactly.（そのとおり）や、Right.（そう）、That's right.（そのとおり）なども、おりまぜられるようになると、英語らしくなってきます。
(That'sは、That isの短縮形)

訳
A：あなたはニューヨーク出身なんですってね。
B：ええ。
A：トンプソンさんもニューヨーク出身ですか？
B：いや、彼はアトランタ出身なんだ。
A：アトランタですか？
B：そうなんだ。

Lesson 2

この表現だけは押さえよう

You are from New York.
「あなたはニューヨーク出身なんですってね」

「〜の出身です」は、「from ＋ 地名」

出身国も伝えることができますが、日本人なら、出身の都道府県を言うことも多いでしょう。

例）I am ｜from｜ Hiroshima.（私は広島出身です）

are という be動詞を使うことで、you＝from New York

等式が成立していることがわかりますね。

Is Mr. Thompson from New York, too?
「トンプソンさんもニューヨーク出身ですか？」

be 動詞の疑問文は、主語と be 動詞を逆転させるだけ

平叙文： Mr. Thompson　is　from New York.

疑問文： Is Mr. Thompson 　　 from New York?

too は「…も」の意味。たいてい、文の最後にくる。

He is not from New York.
「彼はニューヨーク出身ではありません」

「…ではない」と否定するには、be 動詞＋not

He is ｜　｜ from New York.（彼はニューヨーク出身です）

He is not from New York.（彼はニューヨーク出身ではありません）

英語は同じことを繰り返して言うのが嫌い

「『ハイ』は 1 回でよろしい」ではありませんが、英語は繰り返しを嫌う言葉です。Mr. Thompson が、話題に出てくるのが 2 回目ですから、男性を指すときの代名詞 he を使います。

文型表1 出身地を話してみよう

A 平叙文「〜はアメリカ出身です」

〜は	です	出身	アメリカ
I (私は)	'm am	from	the United States.
You (あなたは)	're are		
He(彼は) She(彼女は)	's is		

「〜出身です」「〜から来ました」は from を使って表現されます。「アメリカ」は America とも言いますが、正式には the United States。

B 疑問文「〜はアメリカ出身ですか」

〜ですか	〜は	出身	アメリカ
Am	I (私は)	from	the United States?
Are	you (あなたは)		
Is	he(彼は) she(彼女は)		

C　where「どこ」を使った疑問文「〜はどこの出身ですか」

どこ	〜ですか	〜は	〜から
Where	am	I （私は）	from?
	are	you （あなたは）	
	is	he（彼は）	
		she（彼女は）	

　whereを使った疑問文では、Bの疑問文の前にwhereを置きます。次に、出身地をたずねているのでthe United Statesを落として、Cの疑問文ができあがります。Cの疑問文の答えがAの文になるわけです。

I'm from ‥‥.　　Are you from ‥‥?

Lesson 3

いいや、ちがうよ
会話でよく使う短縮形 isn't／aren't

(今度は、トンプソン夫人を話題に)

A: Is Ms. Thompson a nurse?

B: No, she isn't.
 She is a doctor, and she is a good one.

A: Is that so?

単語熟語

nurse＝看護婦、看護士
Ms. [miz]＝〜さん

＊未婚・既婚の区別をしない女性の敬称。女性の地位向上の流れのなかで、Miss、Mrs. のかわりに Ms. を使われることを好む女性もいます。

good＝腕のいい

＊中学英語では〈good＝よい〉ですが実際には〈ほめる〉ニュアンスであれば、good はあらゆる場面で使える表現です。

〈例〉He is a good swimmer.
 (彼は泳ぎがうまい)

so＝そう　英語と日本語で、発音も意味もほぼ同じ。

＊Is that so?の語尾を上げれば「そうなの?」と聞き返す感じ、語尾を下げれば「そうなんだ」と納得している言い方になります。

訳

A：トンプソンさんは、看護婦なんですか？
B：いいや、ちがうよ。彼女は医者なんだ。それも腕のいい医者だよ。
A：ああ、そうなんだ。

Lesson 3

> ## Is Ms. Thompson a nurse?
> 「トンプソンさんは看護婦なんですか？」

「ひとつ」の名詞の前には、a, an をつけよう

英語では、数えられる名詞で、単数（つまりひとつ）のものを言うときには〈a〉という冠詞をつけます。〈an〉を使うのは、

an apple, an island, an egg, an office

のように、後ろにくる単語の最初の発音が母音（日本語のアイウエオの音）のときのみです。

平叙文と否定文の作り方を復習しよう

平叙文なら Ms. Thompson is a nurse.

否定文なら Ms. Thompson is not a nurse. でしたね。

> ## No, she isn't.
> 「いいや、ちがうよ」

英語は、短縮形が好き

英語には、短縮形がたくさんあります。そのひとつが、この be 動詞＋not の否定形。isn't は、is not の短縮形です。

同じように、are ならば You aren't a doctor. のようになります。ただし am だけは例外で、amn't とはならず、I'm not a doctor. のように、I'm not となります。

> ## She is a good one.
> 「腕のいい医者だよ」

英語は同じことを繰り返して言うのが嫌い

この one は、「ひとつ」という意味ではなく、前に出た名詞、doctor を指しています。つまり、英語は、P.19述べたように同じことを繰り返すのが嫌いな言語なのです。

文型表2 be動詞のルールを身につけよう

A 平叙文「〜は先生です」

I (私は)	'm am (です)	a teacher. (先生)
You (あなたは)	're are (です)	
He (彼は) She (彼女は)	's is (です)	

　覚えていますか？　代名詞のI, You, He, She、それから日本語の「〜です」にあたるbe動詞のam, 'm, are, 're, is, 'sを。
　〈'm〉は〈I'm〉、〈're〉は〈You're〉、〈's〉は〈He's, She's〉とbe動詞の口語的短縮形です。主語のI, You, He, Sheによってbe動詞が変化している点に注意してください。
　上の平叙文を疑問文にするとBのようになります。

B 疑問文「〜は先生ですか？」

Am (〜ですか)	I (私は)	a teacher? (先生)
Are (〜ですか)	you (あなたは)	
Is (〜ですか)	he (彼は) she (彼女は)	

　be動詞のある平叙文を疑問文にするときは、be動詞を文の前にもってくるのですね。

C 応答文「はい、そうです／いいえ、ちがいます」

Yes,（はい）	I you he she	am. are. is. is.	（そうです）
No,（いいえ）	I	'm not. am not.	（ちがいます）
	you	aren't. are not.	（ちがいます）
	he she	isn't. is not.	（ちがいます）

　YesとNoのあとには必ずコンマ〈,〉を打ってください。「No」の応答文は「〜ではない」の意味の「not」が文末にきます。また〈aren't〉は〈are not〉、〈isn't〉は〈is not〉の口語的短縮形です。

Lesson 4

どなた？

人をたずねる疑問詞 —— who

（スナップ写真）

A: This girl is very cute.
   Who is she?
B: She's my daughter, Yoko.
A: And who are they?
B: They are my parents.
   They are Yoko's grandparents.

単語熟語

very＝とても
＊形容詞や副詞を強める言葉です。みなさんが一番よく知っているのは、Thank you very much.でしょう。

daughter＝娘 ＞ son＝息子

cute＝かわいい
＊「かわいい」の意味。cute は子供だけでなく、大人にも使います。

grandparent(s)＝祖父(母)

parent(s)＝親（両親）

訳

A：この女の子、とてもかわいいわ。どなた？
B：娘の洋子ですよ。
A：それで、彼らは誰なの？
B：私の両親です。洋子の祖父母でもあるんです。

Lesson 4

> ### Who is she?
> 「どなた？」

「誰か」をたずねる疑問詞 —— who

「５Ｗ１Ｈ」という表現は、英語の疑問詞(who, what, when, where, why, how) の頭文字をとったものです。今回は、そのうちのひとつ、「人」をたずねるときの疑問詞 who を勉強します。

疑問詞は、文の頭に持ってくる

どの疑問詞の場合も、また be 動詞だけでなく、一般動詞を使うときも同じルールですから、しっかり覚えましょう。

平叙文: She   is   Yoko.（彼女は洋子です）
疑問文: Is   she   Yoko？（彼女が洋子ですか）
疑問詞: Who   is   she   ？（彼女は誰ですか）

つまり、疑問詞＋be 動詞＋主語の形になります。

> ### They are Yoko's grandparents.
> 「洋子の祖父母です」

「持ち主」を言うときは「名前＋'s」

「洋子の」と言うときは Yoko's になります。

複数の名詞には最後に〈s〉を

単数の名詞の前には、a か an をつけることは、すでにお話ししましたが、複数形のときには、単語の後ろに〈s〉をつけます。なかには、〈es〉をつけるもの、単数・複数が同じ形、あるいは不規則な変化をする名詞もありますが、登場してきたときに、ひとつずつマスターしていきましょう。ここでは、祖父母を意味するために grandparents になっています。

Lesson 5 これは何？

モノをたずねるときの疑問詞 —— what

(家に遊びに来た外国人の友人に)

A: This is your first Japanese breakfast!

B: Thank you. Wow, this is great! Umm...what is this?

A: That's an umeboshi, a pickled plum.

B: Well, it is very sour!

単語熟語
first＝最初の、第一の
breakfast＝朝食 ＞ lunch＝昼食、supper＝夕食
＊dinner は、「1日の一番豪勢な食事」という意味です。ただ、たいていは、夕食がその日の dinner になることが多いようです。
great＝すごい、偉大な　pickled＝ピクルスにした、漬け物の
plum＝梅　sour＝酸っぱい

訳
A：君にははじめての日本の朝ごはんだね！
B：ありがとう。わあ、これは、すごい！
　ん…　これは何？
A：梅干し、梅の漬け物だよ。
B：う〜ん。これ、すごく酸っぱいね。

Lesson 5

この表現だけは押さえよう

This is your first Japanese breakfast.
「君にははじめての日本の朝ごはんだね」

形容詞がたくさん並んでも心配ご無用

　「あなたの・最初の・日本の・朝食」。日本語の語順と同じです。

所有格がついたら、冠詞はいらない

　そもそもbreakfast自体が、aやanをつける必要のない「数えられない名詞」なのですが、たとえばa deskも、「あなたの」という意味を添えるならばyour deskとなり、冠詞は必要なくなります。

What is this?
「これは何？」

「モノ」をたずねるときの疑問詞 —— what

疑問詞の第2弾は、「何ですか？」とモノをたずねるときに使うwhatです。文の作り方は、whoのときと同じ。復習をかねて、見てみましょう。

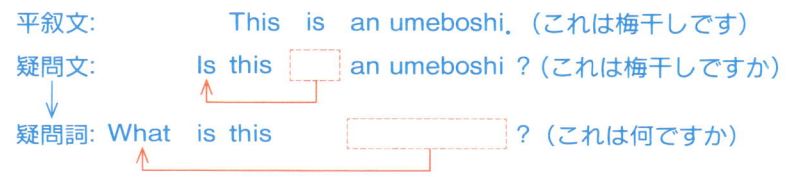

平叙文:　　　　　This　is　an umeboshi.（これは梅干しです）
疑問文:　　　　Is　this　　　 an umeboshi？（これは梅干しですか）
↓
疑問詞:　What　is　this　　　　　　　？（これは何ですか）

That's an umeboshi.
「梅干しです」

this は近くにあるもの、that は離れているところにあるもの

自分のお膳にある梅干しを指すのは this、自分のものとはちがう相手の梅干しを指すのは、that と使い分けられているのがわかりますね。

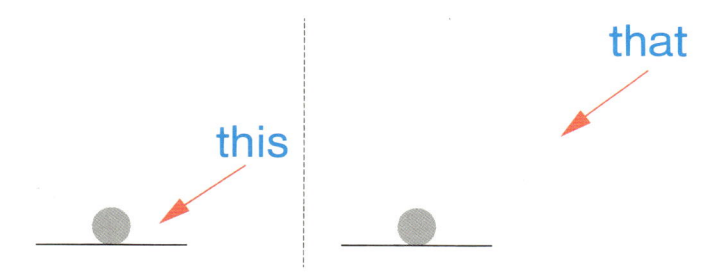

＊this と that の感覚の違い。

コラム

「箸」は英語で何という？

お箸は英語で chopsticks「チョップスティックス」と言います。2本ひと組なので、複数形でいうのが普通です。最近ではお箸を上手に使う外国人が増えています。

ゴルフの語源は？

ゴルフはアメリカでも人気のあるスポーツ。発祥の地は、スコットランドです。ところが、golf の語源はオランダ語という説が有力です。アイスホッケーに似た氷上でボールを打つ競技 het kolven からきたというものです。

「盆栽」は「バンサイ」

日本の「盆栽」は生きた美術品として、海外でも多くの人に愛好されています。呼び名も「ボンサイ」のままで通用します。ただ、アメリカ人は「バンサイ」と発音しがちなので、「バンザイ」と聞き間違えないように注意してください。

Lesson 6 あれらが私のゴルフクラブです

this, that の複数形は these, those

（家の中を友人に案内しながら）

A: This is my room.

B: Okay.

A: These are my dictionaries.
   That is my desk.
   Those are my golf clubs.

B: Wow, everything is in this room, Akira!

単語熟語

dictionary (-ies) ＝辞書

＊複数形は、最後に〈s〉をつけるのですが、語尾が〈子音＋y〉で終わる単語の場合は、y を i に変えて es をつけます。

例）party→parties

訳

A：ここが、私の部屋です。
B：わかりました。
A：これらが、私の辞書。
　　あれが、私の机。
　　あれらが私のゴルフクラブです。
B：ヘー、この部屋には何でもありますね、明さん。

Lesson 6

> この表現だけは押さえよう

These are my dictionaries.
「これらが私の辞書」

this の複数形は these
主語が複数形のときは、be動詞はいつも are

　　　　直訳すれば、this が「これ」、these が「これら」。表現したいものが、単数か複数かによって使い分けます。「1冊の」辞書について話すなら、This is my dictionary. になります。

Those are my golf clubs.
「あれらが私のゴルフクラブです」

that の複数形は those
主語が複数なら、述語も複数にするのを忘れずに

　　　　are という「=」を通じた等式関係になるように、ゴルフクラブを golf clubs にするのを忘れないようにしましょう。

Everything is in this room.
「この部屋には何でもありますね」

「全部、何でも」という意味でも、everything は単数

　　　　つい複数のように考えて、Everything are.... とやってしまいそうですが、everything は単数扱い。ですから、be 動詞は is を使います。everything に限らず、every〜「すべての〜」は単数扱い。

「in＋場所」で「〜の中に」の意味

　　　　前置詞を一つずつクリアしていきましょう。
　　　例) ｜in｜ Japan（日本に）　｜in｜ the house（家の中に）
　　　　　｜in｜ the world（世界に）　｜in｜ a car（車に乗って）

文型表3 単数形・複数形の違いを知ろう

単数形の文

A　what を使った疑問文 「～は何ですか？」

What （何）	's／is （ですか？）	that?（あれは）
	is （ですか？）	it?（それは）

B　平叙文 「～はペンです」

This is （これは～です）		a pen. （ペン）
That（あれは） It（それは）	's is（～です）	

＊否定文「～はペンではありません」にするには is を isn't、つまり 〈is not〉の短縮形にすればできあがります。

C　疑問文 「～はペンですか？」

Is （～ですか？）	this（これは）	a pen? （ペン）
	that（あれは）	
	it（それは）	

D　応答文 「はい、そうです／いいえ、ちがいます」

Yes, it is.（はい、そうです）
No, it isn't.（いいえ、ちがいます）

複数形の文

A′ what を使った疑問文「〜らはなんですか?」

What are (何ですか?)	these?（これらは） those?（あれらは） they?　（それらは）

B′ 平叙文「〜らはペンです」

These（これらは）	are (です)	pens. (ペン)
Those（あれらは）		
They　（それらは）		

＊複数になると、名詞の「pen」に「s」がつきます。否定文にして、「〜らはペンではありません」とするにはareをaren't、つまり〈are not〉の短縮形にします。

C′ 疑問文「〜らは、ペンですか?」

Are (〜ですか?)	these（これらは）	pens? (ペン)
	those（あれらは）	
	they　（それらは）	

D′ 応答文「はい、そうです／いいえ、ちがいます」

Yes, they are.（はい、そうです）
No, they aren't.（いいえ、ちがいます）

Lesson 7 ぼくのカギ、どこ？

場所をたずねる疑問詞 —— where

（部屋じゅうゴソゴソしながら）

John: Where is my key?

Yoko: Isn't it on the desk?

John: No, it isn't on the desk.

Yoko: Under the bed?

John: No, where is it?

Oh, yeah! It is in my bag!

単語熟語
key＝カギ

※Under the bed?は Isn't it under the bed. の略。英語にはよくあることなので、慣れておきましょう。

訳
ジョン：ぼくのカギ、どこ？
洋子：机の上にはないの？
ジョン：ううん、机の上にはない。
洋子：ベッドの下はどうなの？
ジョン：ない、どこ、どこだ～？
　　　　ああ、そう！カバンの中だ。

Lesson 7

この表現だけは押さえよう

Where is my key?

「ぼくのカギ、どこ？」

「どこ〜？」と、〈場所〉をきく疑問詞 —— where

　　　　前回までの復習をかねて、疑問詞の疑問文を作ってみましょう。

She is Yoko. ⇨ 〈人〉がわからないとき
　　　？　　　　Who is she?　P.27参照

This is a key. ⇨ 〈モノ〉がわがらないとき
　　　？　　　　What is this?　P.30参照

It is in the bag. ⇨ 〈場所〉がわからないとき
　　　？　　　　Where is it?

　　ちゃんと「疑問詞＋be動詞＋主語」になっていますか？

Isn't it on the desk?
「机の上にはないの？」

限定する冠詞（定冠詞）の〈the〉を覚えよう

　　a や an は、特定することのできない、言い換えれば「何でもいいひとつの名詞」の前につける冠詞で、不定冠詞と呼ばれています。

　　これに対して、ここの〈机〉は、どれでもいいわけではなく、サラの部屋にある机なのですから、〈the desk〉という言い方をします。この the を定冠詞と呼びます。定冠詞は、訳せば「その」という意味ですが、ふつうは日本語に訳しません。新しい表現が出てくるたびに、そこで使われているのが a または an か、the かに注意してみましょう。だんだん使い分けられるようになります。

on the desk／under the bed
「机の上／ベッドの下」

前置詞を覚えて、いろんな場所を指す表現をマスターしよう

　　under は「～の下に」。on は、「～の上に」という意味の前置詞です。下の図で見ると、2つの意味の違いがよくわかりますね。

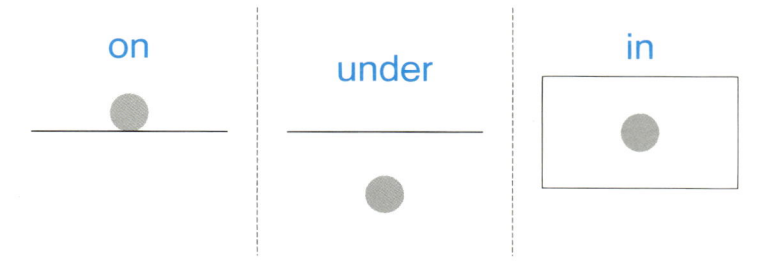

on　　　　under　　　　in

すみません

英語で「すみません」は I'm sorry. です。

ところで、日本人のあやまり方は誤解されることが多いようです。私の知り合いのアメリカ人が「日本人は謝るときに、ニヤニヤする」と憤慨していました。確かに、日本人は照れ隠しで、ニヤニヤしながらあやまることがあります。アメリカ人はこれを、「人をバカにした態度」と受け取ることがあります。こんなところにも、欧米と日本の文化の違いを見ることができます。やはりあやまるときは、誠意を尽くすのが賢明です。

「ええ〜と」

会話につまったときに「ええ〜と」とか「あの〜」というニュアンスの言葉を英語で言えたら便利です。「ええ〜と」は、Let me see. や Let's see. や Uh.... を使いましょう。「あの〜」は、Say,〜と言うのが一番ピッタリしています。

Lesson 8

誰の自転車？

持ち主をたずねる疑問詞 —— whose

（ガレージの前で）
A: Whose bicycle is that in the garage?
B: The red one or the silver one?
A: The red one.
B: It is mine.

単語熟語

garage[gərá:dʒ]＝ガレージ
＊すっかり日本語になっていますが、発音に注意。アメリカ英語では、ガレージというよりは、「ガラージ」に近く、ra の部分は、「ラ」と「ロ」の中間のような音になります。

mine＝私のもの
＊今まで my bag, your desk のように後ろに名詞を伴って、「誰々の〜」という意味になる所有格を勉強しましたが、英語には、1語で「誰々のもの」という意味になる〈所有代名詞〉があります。mine はそのうちの一つ。P.43参照。

訳
A：ガレージにあるあれは誰の自転車？
B：赤いやつ？　それともシルバーの？
A：赤いほう。
B：あれは僕のだよ。

Lesson 8

> この表現だけは押さえよう

Whose bicycle is that in the garage?
「ガレージにあるあれは誰の自転車？」

「持ち主」をたずねる疑問詞 —— whose

　　疑問詞も、もうこれで4個目。今回は「誰の…？」と、持ち主をたずねる表現です。わからない部分を文の一番頭に持ってきて、あとは普通の疑問文に、という作り方は今までどおり。さっそく練習してみましょう。

平叙文：　That is your bicycle.（あれはあなたの自転車です）
疑問文：　Is that ☐ your bicycle?（あれはあなたの自転車ですか）
疑問詞：　Whose bicycle is that ☐ ?（あれは誰の自転車ですか）

　　Whose に伴って、bicycle も文の頭に引っ張られていることに注意！　所有格と名詞はいつもペアなのです。

The red one or the silver one?
「赤いやつ？それともシルバーの？」

「A、それとも B？」は、「A or B?」

　　or は、「それとも、または」という意味の接続詞で、語と語、文と文をつなぐ働きをします。ここでは、会話調なので省略されていますが、正しくは Is it the red one or the silver one? です。

	A ですかそれとも	B ですか？
Ⓐ	or	Ⓑ ？
the red one		the silver one

文型表4

持ち主をたずねてみよう

A　whose を使った疑問文「～は誰のですか」

Whose 誰の	car is it? （車は～ですか）	単 数 形
	shoes are they? （靴は～ですか）	複 数 形

① 「～は誰のですか」という疑問文は whose を使い、その次に car や shoes のようなモノを置きます。
② 日本語で「靴」のことは、「その」「この」などを使って、単数形扱いにしますが、英語では必ず複数形で表現します。

B 応答文「〜は私のです」

It (それは)	's／is (〜です)	mine.（私のもの）
They (それらは)	're／are (〜です)	

③mine＝私のもの

　今までmy bag, your deskのように後ろに名詞を伴って、「誰々の〜」という意味になる所有格を勉強しました。1語で「誰々のもの」という意味になる「所有代名詞」があります。mineはそのうちの一つ。下の表で、所有代名詞を覚えましょう。

人称	単数			複数		
	主格	所有格	所有代名詞	主格	所有格	所有代名詞
	〜は	〜の	〜のもの	〜は	〜の	〜のもの
1	I	my	**mine**	we	our	**ours**
2	you	your	**yours**	you	your	**yours**
3	he she it	his her its	**his** **hers**	they	their	**theirs**

Lesson 9 今、何時？

時刻のたずね方・答え方

（3人の会話）
A: What time is it, Ron?
B: I'm not sure.
C: It's about eight o'clock.

単語熟語
sure＝確かな、自信をもって
＊I'm (I am) not sure. で、「よくわからない、はっきりしない」という意味になります。

about＝およそ、約…、ほとんど
o'clock＝…時

訳
A：今、何時、ロン？
B：わからないな。
C：だいたい8時よ。

Lesson 9

> この表現だけは押さえよう

What time is it?
「今、何時？」

「何時ですか？」は What time is it?

時刻を聞くときの慣用表現が What time...? です。純粋に「今、何時？」というときの、最も一般的で、覚えやすい言い方が、この What time is it? です。it は〈時〉を表すときの「訳さない主語」になります。

そのほかにも What is the time? や、一般動詞を使った What time do you have? などの表現があります。

「何時に…するのか？」などの表現にもすべてこの What time...? が使えます。これの作り方は、ステップ2以降で勉強しましょう。

It's about eight o'clock.
「だいたい8時よ」

いろいろな時刻を英語で言えるようになりましょう

時刻を表すときには、いずれも主語は it。ふつう、日本語には訳しません。

It's	about eight o'clock.※	だいたい8時です
	six fifty-five (6:55).	6時55分です
	ten to four.	4時10分前です
	past three o'clock.	3時過ぎです
	five past ten.	10時5分です

※o'clock は省略可能。

文型表5 What time is it? と聞かれたら…

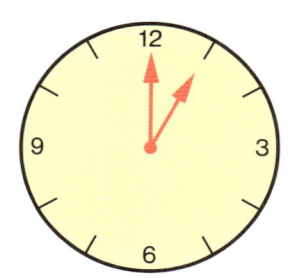

1) It's one o'clock.
（1時です）

2) It's five after one.
（1時5分です）
注："after"で「〜後に」を意味する。

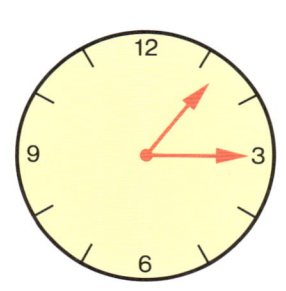

3) It's a quarter after one.
（1時15分です）
注："quarter"には「4分の1」の意味がある。時間を言うときは1時間の4分の1から「15分」を表現する。

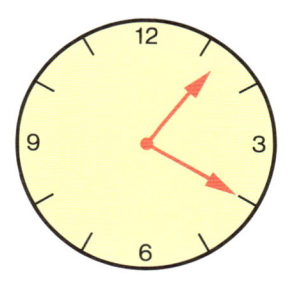

4) It's twenty after one.
（1時20分です）

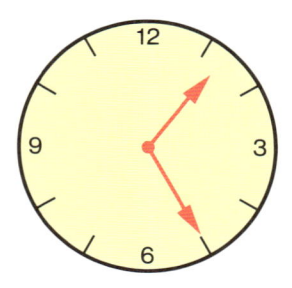

5) It's twenty-five after one.
（1時25分です）

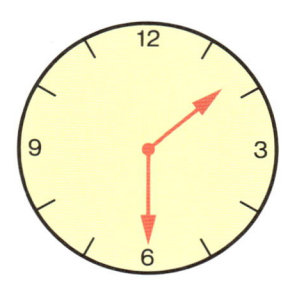

6) It's one thirty. / It's half past one.
（1時半です）
注："past"で「過ぎて」を表現する。

7)

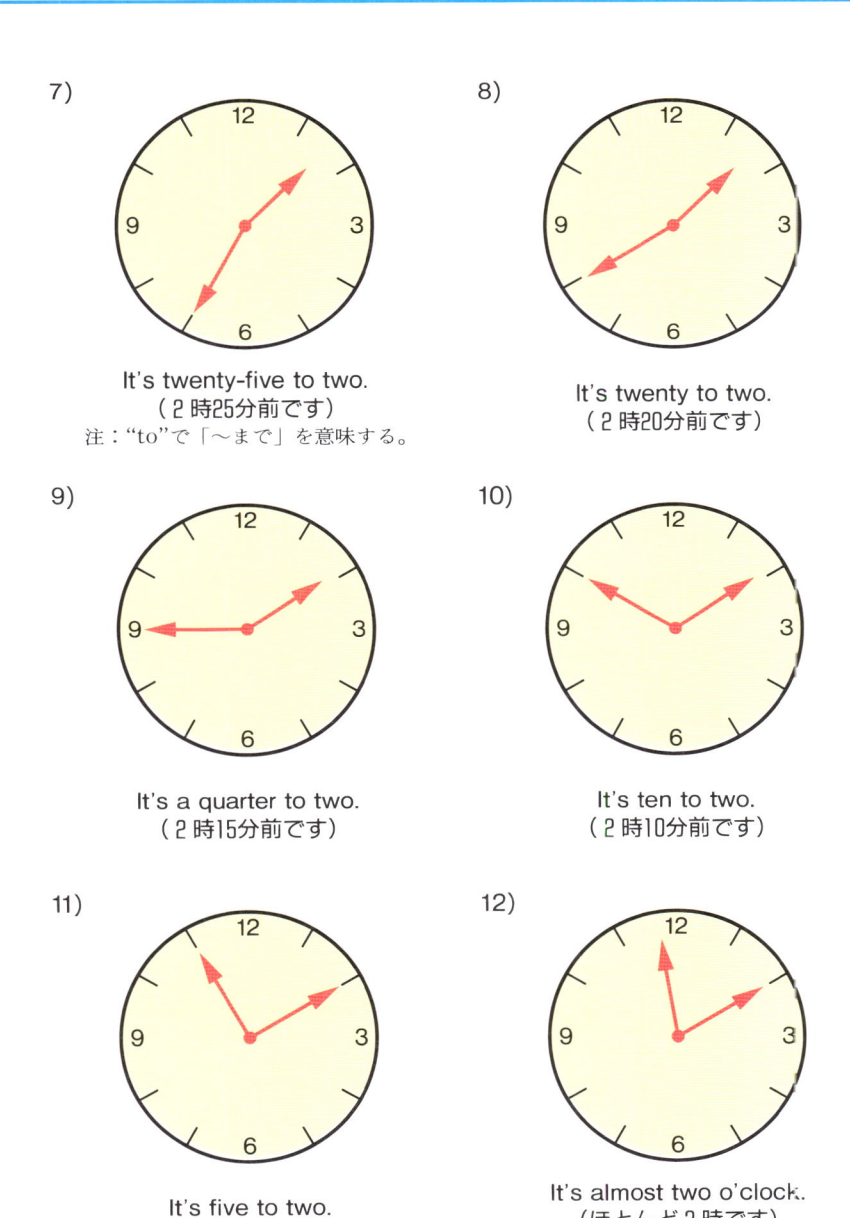

It's twenty-five to two.
（2時25分前です）
注："to"で「〜まで」を意味する。

8)

It's twenty to two.
（2時20分前です）

9)

It's a quarter to two.
（2時15分前です）

10)

It's ten to two.
（2時10分前です）

11)

It's five to two.
（2時5分前です）

12)

It's almost two o'clock.
（ほとんど2時です）
注："almost"には「ほとんど」の意味がある。

Lesson 10　グラスある？

存在を表す there

（台所で）
A: Are there any glasses in this house?
B: No, I'm afraid not.
A: Are there any cups?
B: No, why?
A: There is some milk here, and I'm thirsty.

単語熟語

glass＝グラス、コップ
　＊普通、冷たい飲み物を入れる容器。日本語では窓にあるものを「ガラス」、飲み物を入れるものを「グラス」と言い分けていますが、英語では同じ単語の"glass"です。
cup＝カップ　＊取っ手がついていて、熱い飲み物を入れる容器。
thirsty＝のどが渇いた　＊「空腹の」は"hungry"と言います。

訳

A：この家にグラスはある？
B：いや、残念ながらないわよ。
A：カップはある？
B：いや、どうして？
A：ここに牛乳があって、のどが渇いてんだ。

Lesson 10

> この表現だけは押さえよう

Are there any glasses?
「グラスはある？」

存在を表す —— there is〜. ／there are〜.

　　there だけでは、「そこに」という意味がありますが、There is〜.とか、There are〜.という組み合わせで、「〜がある。〜がいる」という表現をします。「〜」の部分が単数の名詞なら There is 〜.、複数の名詞なら There are 〜.となります。

　　上の文にあるように、「〜がありますか？ 〜がいますか？」という疑問文の場合は、同じく単数の Is there〜.とか、複数の Are there 〜？と be 動詞と there の位置をひっくり返して表現します。

　　ここの Are there any〜？とか、There is some〜.にあるように、any とか some は「〜がいくつか（いくらか）あるのか」と、数がはっきりしないときに使われます。ただし、「いくつか」とわざわざ訳す必要はありません。

No, I'm afraid not.
「いいえ、残念ながらないよ」

I'm afraid〜＝「残念ながら…です」

　　Are there any glasses? の受け答えとして、グラスがあるときは、Yes, there are some.、グラスがないときは、No, there aren't any.とも答えられますが、例文のように No, I'm afraid not.と言って、「いいえ、残念ながら…」といったニュアンスを出すこともできます。こういった表現もすぐに使えるようにしてください。

文型表6 There〜.を使えるようにしよう

There is〜./There are〜.を使った「〜がある。〜がいる」という 存在表現 は、 There + be動詞 〜.

A ｛There is〜. / There are〜.｝を使った ｛平叙文「〜がある」/ 否定文「〜がない」｝

単数	There	's／is 「あります」	a cup. 「カップが」
		isn't／is not 「ありません」	
複数		are 「あります」	some cups. 「(いくつかの)カップが」
		aren't／are not 「ありません」	any cups. 「(いくつも)カップは」

＊「いくつかの、いくらかの」の some と any は平叙文で some 否定文・疑問文で any が使われます。

B | There is〜. / There are〜. を使った疑問文 「〜がありますか?」「〜はありませんか?」

単数/複数		there	
単数	**Is** 「ありますか?」	there	**a cup?** 「カップが」
単数	**Isn't** 「ありませんか?」	there	**a cup?** 「カップが」
複数	**Are** 「ありますか?」	there	**any cups?** 「(いくつかの) カップが」
複数	**Aren't** 「ありませんか?」	there	**any cups?** 「(いくつかの) カップが」

C | There is〜. / There are〜. を使った応答文 「はい、あります」「いいえ、ありません」

肯定/否定		there	
肯定	**Yes,** 「はい、」	there	**is.／are.** 「あります」
否定	**No,** 「いいえ、」	there	**isn't.／aren't.** 「ありません」

QUIZ 1

be 動詞の練習   （答えはページ下にあります）

1. かっこ内にあてはまる単語を入れて、文を完成させてください。

    (a) (　) (　) Monday today.

    (b) Anna (　) from America.

    (c) Mr. and Mrs. Thompson (　) <u>French</u>.

    ＊フランス人

2. かっこ内にあてはまる単語を入れて、会話を完成させてください。

    (a) Is she a doctor?

    　　No, she (　) (　).

    (b) (　) car is this?

    　　It is my mother's car.

    (c) (　) are you from?

    　　(　) am from England.

    (d) Is that bicycle hers (　) yours?

    　　It's hers.

正解：1. (a) It, is (b) is (c) are   2. (a) is, not (b) Whose (c) Where, I (d) or

やさしくステップ ②

一般動詞で
こんなにしゃべれる！

Review Your Junior High English And Speak It Fluently

復習 命令文は動詞の原形を使う
―― 時には厳しく、時にはていねいに

命令形の文を覚えていますか？ 相手に向かって、「〜しなさい」「〜してください」という言い方を復習していきましょう。

A 「〜しなさい」の命令文

① **Sit down.** 「すわりなさい」
② **Go to the window.** 「窓の方へ行きなさい」
③ **Stand up, Tom.** 「トム、立ちなさい」
④ **Run.** 「走りなさい」
⑤ **Be quiet.** 「静かにしなさい」

命令文では主語がいらない点に注目してください。上にあるようにすぐに動詞で始めればよいのです。

日本語では「座れ」「座りなさい」「お座りください」などいろいろな言い方がありますが、英語では①にある Sit down. のみで表現されます。ただ強く言えば、相手に「座れ」と聞こえますし、ていねいに言うと「お座りください」と伝えることができます。さらにていねいに表現したいときは please「どうぞ」をつけます。そのときは文頭につけても文末につけてもかまいません。

①′ ―Please sit down.
　　―Sit down, please.　 (どうぞ座ってください)

⑤にあるように、be動詞を使った命令文では「Be」が文頭に置かれます。

注：「Sit down」の発言は「スイッダウン」のように言い、「t」の音が消えたように、はっきりと発音されないことが口語では普通となっている。

B 「～するな」の命令文

Don't	① **sit down.** 「座るな」 ② **go to the window.** 「窓の方へ行くな」 ③ **stand up, Tom.** 「トム、立つな」 ④ **run.** 「走るな」 ⑤ **be quiet.** 「静かにするな」

Don't とは Do not を口語的に短縮したもので、「～するな」を表現しています。

C 「～を見なさい」の命令文

Look at (～見なさい)	**me.** （私を） **him.** （彼を） **her.** （彼女を） **it.** （それを） **us.** （私たちを） **them.** （彼らを） **Mr. Smith.** （スミスさんを）

上にあるように「～を見なさい」と表現する文の「～を」の部分には人称代名詞では目的格が入ります。

また「～を見なさい」の Look at～. は必ず look のあとに at がくるものだと覚えておいてください。

Lesson 1

あの男の人、見ろよ

動詞の原形を使う命令文

(街のカフェで)

A: Look at that man.
B: Isn't he Harrison Ford?
A: Yes. I'm a fan of his!
B: Be quiet, Ron, and don't smoke.
This is a nonsmoking room.

単語熟語

fan＝ファン、熱心な愛好家
例) a baseball [movie] fan＝野球〔映画〕ファン
quiet＝静かな ⟷ noisy＝うるさい
here＝ここに、ここで ⟷ there＝そこに、そこで
smoke＝タバコを吸う
nonsmoking＝禁煙の

訳

A：あの男の人、見ろよ。
B：ハリソン・フォードじゃない？
A：そうだよ。僕は彼のファンなんだ！
B：静かにしてよ、ロン。
　　それから煙草吸わないでちょうだい。
　　ここは禁煙室なのよ。

Lesson 1

この表現だけは押さえよう

> ## Look at that man.
> 「あの男の人、見ろよ」

英語の命令形は、動詞の原形を使うだけ、主語はなし

　「…してください」「…しなさい」という命令文は動詞の原形を使って作ります。「原形」とは、後で勉強するような3人称単数のための変化や、過去形のための変化をしない、動詞のもとのままの形のことです。また、命令する相手は、いつも you＝「あなた」とわかりきっていますから、命令文では主語は必要ありません。

「～を見る」の「look at」は1セットで覚えよう

　一般動詞には後に「～を」という目的語をともなう「他動詞」と、目的語を必要としない「自動詞」の2種類があります。

　look は「見る」という意味のときには自動詞。「～を見る」という意味にする場合は前置詞の at をつけます。こういった動詞は多くありますから、必ず動詞と前置詞を1セットで覚えるようにしましょう。

> ## Be quiet, Ron.
> 「ロン、静かにしてよ」

am, is, are の原形は〈be〉

　ステップ1で勉強した be 動詞の原形は〈be〉です。「ああ、そうか」という方も多いかもしれませんね。am, is, are がどうして「be 動詞」と言われるか納得できたでしょう。

> ## Don't smoke.
> 「煙草吸わないでちょうだい」

「…しないでください」は、〈Don't＋動詞の原形〉

　don't は do not の短縮形。これは一般動詞の否定形にも出てきますので、覚えておきましょう。

Lesson 2 つづりを言ってください

pleaseをつけて、ていねいな命令文

(鈴木さん、ホテルでチェックインするところです)

A: Good evening.
B: Good evening.
A: What's your name, sir?
B: Suzuki.
A: Spell it, please.
B: S-U-Z-U-K-I. Suzuki.

単語熟語

Good evening.＝こんばんは
＊同様に　Good morning.＝おはようございます
　　　　　Good afternoon.＝こんにちは
　　　　　Hello.＝こんにちは

spell[spél]＝単語をつづる　～のつづりを言う
＊日本語で意味する「スペル」は「spelling」と言います。

訳

A：こんばんは。
B：こんばんは。
A：あなたのお名前は何でしょうか？
B：鈴木です。
A：つづりを言ってください。
B：S-U-Z-U-K-Iの鈴木です。

Lesson 2

この表現だけは押さえよう

What's your name, sir?

「あなたのお名前は何でしょうか？」

名前をたずねる表現をマスターしよう

What's your〜?とは、What is your〜?を口語的に短縮した言い方です。発音の方も「ワット　イズ　ユア　〜」ではなくて、「ワッチュア　〜」と3つの単語がくっついて、まるで1語のように聞こえますので、聞いてもすぐにわかるようにしておいてください。sir は男性に対するていねいな呼びかけことばです。女性に対しては sir の代わりに ma'am が使われます。

Spell it, please.

「つづりを言ってください」

よりていねいな命令文にするなら、please を

英語の命令形は動詞の原形を使うだけですが、ここにあるように文頭かまたは文末に please をつけることによりていねいな命令表現の文ができあがります。でも、please をつけなくても日本人が考えるほど、強い命令にならないのでご安心を。

この文は次のようにも言えます。

1）　Please spell it.
2）　Would you spell it, please?　　［より丁寧な表現］
3）　How do you spell it?　（どうつづるのですか？）

ただし、文末に please をつけるときには〈,〉を忘れずに。

また、自分の名前のつづりを言うときには、はっきりとひとつずつ言って相手に伝えます。日本人の名前は外国では必ずと言ってもよいほど、つづるように頼まれるでしょうから、練習をしておくといいですね。

Lesson 3

散歩に行こうよ

提案するときは、Let's＋動詞の原型

（庭で、犬とたわむれながら）

Akira: Let's go for a walk.

Sue: All right.

Yoko: Oh, please take Pochi with you.

Akira: Okay. Be good, Pochi.

単語熟語
walk＝名歩み、散歩　動歩く
go for a walk＝散歩に行く
take＝連れていく

訳
明：散歩に行こうよ。
スー：そうしよう。
洋子：じゃあ、ポチも一緒に連れていってよ。
明：いいよ。いい子にしろよ、ポチ。

Lesson 3

> この表現だけは押さえよう

Let's go for a walk.
「散歩に行こうよ」

「Let's＋動詞の原形」で「…しましょう」に

　　let's は、let us（us は we の目的格。あとで詳しく勉強します）の短縮形。直訳すると「私たちに…させる」という意味ですが、「Let's＋動詞の原形」で「…しましょう」という提案の意味で覚えましょう。

例）A: I'm hungry.（おなかがすいた）
　　B: Well, let's eat.（じゃあ、食べましょう）

All right.
「そうしよう」

Let's〜は提案。それに対する同意は All right

　　そのほかにも Yes, let's.、Okay. などと答えることもできます。

Please take Pochi with you.
「ポチも一緒に連れていってよ」

1語でたくさんの意味をもつ「take」

　　英和辞典で、take をひいてみてください。実にたくさんの意味がありますね。これは、そのうちの1つ「take＋目的語（＋前置詞＋場所）」で「…を…に連れていく」という表現です。使い方は単語だけでなく、例文をまるごと暗記するようにすると、実際に使う現場でスラリと口に出てくるようになるものです。

例）Please take Ron around the town.
　　（ロンに街のあたりを案内してあげなさい）
＊around は「…のあたりを」という前置詞

Lesson 4 妻の作るスパゲッティが大好きなんだ

動作・考え方を表す一般動詞

（食べ物についての会話）

A: I like noodles.
　How about you?
B: I like them, too.
　I love my wife's spaghetti.
　She is a good cook.

単語熟語

noodle(s) ＝めん類
＊通常はここに出てくるように複数形で用いられます。
　ちなみにラーメンは、Chinese noodles です。
how about...? ＝…はどうですか？
＊相手の意見を求めたり、勧誘したりする慣用表現です。
例）How about playing golf?（ゴルフをやらない？）
spaghetti ＝スパゲッティ　＊発音は「ゲ」の音を強めに言います。
cook ＝图料理人、コック　動料理する
＊職業人としての「コック」という意味もありますが、ここにあるように
　a good cook ＝料理がうまい人という使い方でできます。

訳

A：私は、めん類が好きなのよ。
　　あなたはどう？
B：僕も好きだよ。
　　妻の作るスパゲッティが大好きなんだ。
　　彼女は料理がうまいんだよ。

Lesson 4

この表現だけは押さえよう

I like noodles.
「私は、めん類が好きなんだ」

動作や考え方、状態などを表す一般動詞

　ステップ1の冒頭で説明したとおり、英語の動詞は be 動詞と一般動詞に分けることができます。be 動詞は別名「イコール動詞」として、主語と述語を等式で結ぶ役目をしていることは勉強しましたね。

　それに対して一般動詞は、動作や考え方、状態を表す動詞なのです。そして自動詞と、目的語をともなう他動詞に分けることができます。

　ここに出てくる like は後ろに目的語を伴う他動詞です。英語の語順に慣れていきましょう。

主　語	動　詞	目的語
I	like	noodles.
私は	好む	めん類を

I like them, too.
「僕も好きだよ」

繰り返しが嫌いな英語では目的語にも人称代名詞が

今まで主格、所有格、所有代名詞を勉強しましたね。同じように英語には「誰々を」という意味の人称代名詞の「目的格」があります。ここでは、noodles という複数名詞を繰り返し言うかわりに、「それらを」という3人称複数の目的格であるthemを使っています。P.17の表で、確認してみましょう。

I love my wife's spaghetti.
「妻の作るスパゲッティが大好きなんだ」

love は、ちっとも大げさな表現じゃない

「ラブ」というと、「愛、愛する」といった、大げさなイメージがあるかもしれませんね。もちろん、愛や恋愛という意味もありますが、英語ではもっとカジュアルに「…が大好きだ」という意味で使われ、その対象は、人でも食べ物でも、趣味でもよいのです。

例) Children love ice cream.
　　（子どもたちは、アイスクリームが大好きだ）

コラム

アメリカ人は「ほめる」のが好き

　アメリカでは、よくお互いの着ているものをほめ合います。例えば、I like your tie.「いいネクタイですね」。ネクタイに限ったものではなく、shirt「シャツ」、suit「スーツ」、sweater「セーター」などいろいろなものをほめます。ほめることは、マナーとして、アメリカ文化の中にとけ込んでいるようです。それに比べると、日本人はほめるのが決して上手ではありません。

　ほめられれば、誰だって悪い気はしないのです。友達作りがスムーズにいきますよ。

「沈黙は金」？

　日本人は人前でむやみに、自分の意見を主張しないのが良し、とされていました。一方、アメリカでは、自分の考えも言わず黙っている人間は、無知であるか、あるいは、人間的につまらない人としか見られないようです。日本のように、黙っていても自分の気持ちが伝わる、という「以心伝心」は通用しません。

I like your tie!!

Lesson 5 テニスするの？
一般動詞の疑問文・否定文の作り方

（スポーツについての会話）

A: Do you play tennis?

B: No, I don't play sports. Do you?

A: Yes, I often play tennis with my Japanese friends on weekends.

B: Do you speak English with them?

A: Yes, I do.

単語熟語

play＝（遊戯・試合などを）する
＊目的語にゲームや、スポーツの名前をともなって使います。
例）play baseball（野球をする）
play soccer（サッカーをする）
play cards（トランプをする）
＊日本語のトランプは trump「切り札」の誤用
weekend＝週末
often＝しばしば、よく

訳
A：君はテニスはやる？
B：いや、スポーツはやらないの。あなたはするの？
A：ああ。週末によく日本人の友だちとテニスをするんだ。
B：彼らとは英語で話しているの？
A：そうだよ。

Lesson 5

> ## Do you play tennis?
> 「君はテニスをやるの？」

一般動詞の疑問文は、「Do＋主語＋動詞の原形」

　　be動詞の疑問文は単純に、主語とbe動詞を逆転させるだけでしたね。さて、一般動詞の疑問文は、ここにあるようにdoという新しい単語を使って、「Do＋主語＋動詞の原形」で作ります。

平叙文:		You	play	tennis .
		主語	動詞	目的語
疑問文:	Do	you	play	tennis ?
	主語	動詞の原型	目的語	

　　これだけ見ると、平叙文と疑問文では動詞は同じplayのままですから、わざわざ「Do＋主語＋動詞の原形」といったわけがピンとこないかもしれませんね。これはあとで詳しく勉強しましょう。

> ## I often play tennis.
> 「私はしばしばテニスをします」

頻度を表す副詞を覚えよう

　　often「しばしば」、always「いつも」usually「たいてい」のように、頻度を表す単語のニュアンスを下の表で理解してください。

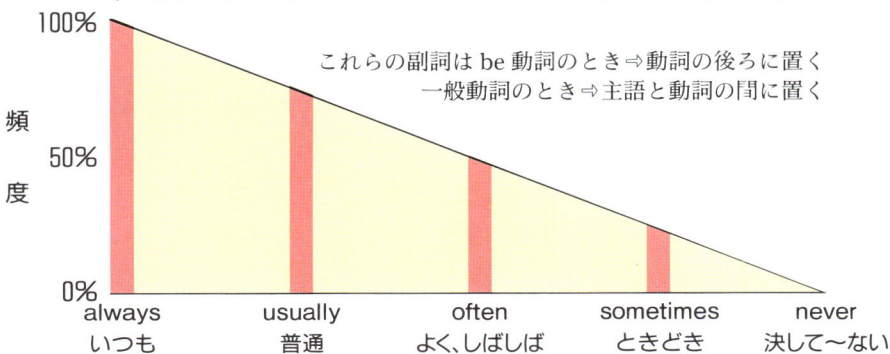

これらの副詞はbe動詞のとき⇒動詞の後ろに置く
一般動詞のとき⇒主語と動詞の間に置く

頻度

100%	always	usually	often	sometimes	never
	いつも	普通	よく、しばしば	ときどき	決して～ない

Yes, I do. ／ No, I don't.
「そうだよ／いいや」

Yes／No の答えでも、ポイントは「do」

　　一般動詞の文の yes, no の答え方をマスターしましょう。
　Yes, 主語+do. ここでは Yes, I do. です。
　No, 主語+don't. ここでは No, I don't. です。

I don't play sports.
「スポーツはやらないの」

どこかで見たぞ、「don't」

　　そうです。否定の命令文で「…しないでください」を表すときに使いましたね。〈don't〉は、〈do not〉の短縮形。疑問文のとき、文頭にきていた do は、否定文になると not と一緒に主語と動詞の原形の間に入ってくるのです。

　平叙文: I ▢ like noodles.
　　　　　↓
　否定文: I don't like noodles.

　　ただし、do を使うのは主語が1人称、2人称、複数のとき。では、3人称単数のときはどうするか？　それは次のレッスンで勉強します。

コラム

万国共通の話題「天気」

　初対面の人にも、よく知っている人にも、どこの国の人でも、共通の話題になるのが weather「天気」です。

　アメリカでも、天候のことから会話が始まることが多いのです。It's hot today, isn't it?「今日は暑いねえ」などというたわいのない言葉から、会話が始まるのも珍しくありません。

「身振り」「手振り」も立派なコミュニケーション

　外国人と話す機会があったのに、相手が自分の言っていることを全く理解していない。こんな状態もあるかもしれませんが、「もうダメだ」とあきらめてしまってはいけません。身振り、手振り、顔の表情などを使えば、なんとか communication はできるものです。あきらめる前に、工夫してください。

文型表7 好きなモノ、嫌いなモノをたずねてみよう

(会話例)

A 質問:「あなたは〜が好きですか?」

Do you like あなたは〜が好きですか	playing golf? 「ゴルフをすること」
	studying English? 「英語を勉強すること」
	traveling? 「旅行」
	cooking? 「料理」
	our boss? 「私の上司」
	John? 「ジョン」
	my sister? 「私の姉」
	movies? 「映画」
	parties? 「パーティー」
	Indian food? 「インド料理」
	classical music? 「クラシック音楽」
	baseball? 「野球」
	your job? 「あなたの仕事」

B 応答:「うん、好きだよ」「いや、好きではない」

Yes,「はい」またはYeah,[*1]「うん」	I like「私は」	it.「それが好き」 him.「彼が好き」 her a lot.「彼女が大好き」 them very much. 　　　　「それらが大好き」
	it's「それは」 he's「彼は」 she's「彼女は」 they're 　「それらは」	okay.「まあいいよ」
	I do.「好き」	
No,「いや、」	I don't like 　「私は」	it.「それは好きではない」 him.「彼は好きではない」 her at all. 　「彼女は全く好きではない」 them very much. 　「それらはあまり好きではない」
	I don't.　　「好きではない」	
	I「私は」　hate[*2]「大嫌い」	it.「それは」 him.「彼は」 her.「彼女は」 them.「それらは」

＊1…YeahはYesをカジュアルにした答え方で、「うん」にあたります。

＊2…hateは「ひどく嫌う」を表現します。

Lesson 6 　私の夫は犬が大好きなの

一般動詞に-s がつくのは、主語が3人称単数の場合

（主婦2人の会話）

A: Do you have a pet?
B: No, we don't.
　　Akira doesn't like animals.
A: Really?
　　My husband loves dogs, so we have two dogs. He runs with them every morning.

単語熟語

pet＝ペット　animal＝動物

＊「動物一般」という意味ならば、この会話にあるように複数形にして使うのが普通です。

例) I don't like eggs.（私は卵は好きじゃない）

husband＝夫 ⟷ wife＝妻　every morning＝毎朝

例) every day（毎日）　every five minutes（5分おきに）

訳

A：あなた、ペットは飼っている？
B：いいえ。明が動物好きではないのよ。
A：そうなの？　私の夫は犬が大好きなの。
　　だから、私たち2匹も犬を飼っているのよ。
　　彼って毎朝、犬たちと走っているの。

Lesson 6

> この表現だけは押さえよう

My husband loves dogs.
「私の夫は犬が大好きなの」

主語が3人称単数のときは、動詞に〈s〉をつけよう

　　　主語が1・2人称、及び複数のときの一般動詞の文では動詞に何も変化が起きませんが、3人称単数になると、動詞の原形に〈s〉をつけます。この"s"は忘れやすいので、しっかりマスターしましょう。

Akira doesn't like animals.
「明が動物好きではないのよ」

3人称単数の否定・疑問は〈do〉のかわりに〈does〉を

　　　作り方は、P.67～68で習った否定文・疑問文のdoの部分をそっくりdoesにかえるだけでOKです。

比べてみましょう。

	1・2人称、複数	3人称単数
平叙文	I like dogs.	He likes dogs.
否定文	I don't like dogs.	He doesn't like dogs.
疑問文	Do you like dogs?	Does he like dogs?
答え方	Yes, I do. No, I don't.	Yes, he does. No, he doesn't.

「doesn't」は「does not」の短縮形です

否定・疑問では、3人称単数の動詞の〈s〉を取る

　　　よく忘れがちな「3人称単数の〈s〉」ですが、逆に否定・疑問文になっても、はずすのを忘れてしまうもの。でも、doesがすでに、「この文の主語は、3人称単数なんですよ～！」というサインになっていますから、また〈s〉を動詞につけて、二重に「3人称単数だ！」と言う必要はないのです。頭の中が整理できましたか？

Lesson 7 彼女にはアメリカ人の友だちがいるのよ

不規則変化する動詞 —— have

（主婦二人の会話）

A: Your daughter speaks English very well.

B: Oh, thank you. She has an American friend, so she talks and writes to her in English.

A: Does she type the letters?

B: No. She doesn't have a typewriter.

単語熟語
speak＝話す
so＝～だから　前の節・文の結果を述べるときに使います。
write＝書く
＊「write to＋人」で「…に手紙を書く」という熟語。
in English＝英語で
＊前置詞「in」は「…の中に」以外にも、「…で」と〈手段〉や〈方法〉を表すときに使います。
type＝タイプする　　typewriter＝タイプライター

訳
A：あなたの娘さんって、英語上手ねえ。
B：あ、ありがとう。彼女にはアメリカ人の友だちがいて、英語で話したり書いたりするのよ。
A：英語はタイプで打っているの？
B：いいえ。タイプライターは持っていないのよ。

Lesson 7

> ## She has an American friend.
> 「彼女にはアメリカ人の友だちがいるのよ」

「have」は、主語が3人称単数形になると「has」に

P.73で、主語が3人称単数のときは動詞の最後に〈s〉をつける、と勉強しましたが、いくつかの動詞には、例外があります。そのうちの1つが、have。主語が3人称単数のときはhasに変化します。

> ## She doesn't have a typewriter.
> 「タイプライターは持っていないのよ」

否定文は「主語＋doesn't＋動詞の原形」

doesn'tによって、「主語は3人称単数だ」というサインが出ているのですから、動詞は原形、つまりhasからhaveに戻ります。
では、この文を疑問文にしてみてください。
Does she have a typewriter? ですね。
　一般動詞の変化については、いくつかのルールがあります。下の表で代表例をあげていますので、確認してみましょう。

一般動詞の変化

Ⓐ語尾にSをつける	Ⓒ語尾が"o, ch, sh"で終わる動詞には"es"をつける
get（得る）→gets read（読む）→reads sing（歌う）→sings eat（食べる）→eats take（取る）→takes come（来る）→comes run（走る）→runs want（欲しい）→wants	go（行く）→goes push（押す）→pushes catch（捕らえる）→catches do（する）→does teach（教える）→teaches
Ⓑ不規則な変化※ have（持つ）→has	Ⓓ"子音＋y"で終わる動詞には"y"を"i"に変えて、esをつける fly（飛ぶ）→flies study（学ぶ）→studies

※Ⓑのような変化はそのまま覚えること

文型表8

一般動詞のルールを身につけよう

A　一般動詞を使った｛平叙文「〜はペンを持っています」/否定文「〜はペンを持っていません」｝

I （私は） You （あなたは） We （私たちは） They（彼らは）	have （持っています）	a pen. （ペンを）
	don't have／do not have （持っていません）	
He （彼は） She （彼女は） It （それは）	has （持っています）	
	doesn't have／does not have （持っていません）	

〈don't〉は〈do not〉の、〈doesn't〉は〈does not〉の口語的短縮形。

＊日本語の「いる」「〜です」にあたる be 動詞（am, is, are）以外の動詞が一般動詞と呼ばれています。日本語では文末に動詞がくることが多いのに対し、英語では主語の次にきます。

　一般動詞には、do, have, get, take, come, go, play, eat, read などいろいろあります。

B 一般動詞を使った疑問文「〜はペンを持っていますか？」

Do (いますか？)	I（私は） you（あなたは） we（私たちは） they（彼らは）	have (持って)	a pen? (ペンを)
Does (いますか？)	he（彼は） she（彼女は） it（それは）		

C 一般動詞を使った応答文 {「はい、持っています」「いいえ、持っていません」}

Yes, (はい)	I（私は） you（あなたは） we（私たちは） they（彼らは）	do. (持っています)
		don't. (持っていません)
No, (いいえ)	he （彼は） she（彼女は） it（それは）	does. (持っています)
		doesn't. (持っていません)

Lesson 8

あなたの朝を英語で語ろう【ビジネスマン編】
朝起きてから会社に着くまでを表現する

　何回か触れているように、英語の動詞はbe動詞と一般動詞の2種類しかありません。でも、am, is, areだけ覚えればよかったbe動詞に比べ、一般動詞は星の数ほどあります。

　だから、せっかく文の作り方がわかっていても、単語量が足りず、話せないということが多いのです。

　そこで、P.78〜81では、一般的なビジネスマンと主婦の朝の行動を表す英語表現をそれぞれ15ずつ集めてみました。

　毎朝何かの動作をするたびにブツブツ唱えてみましょう。いつのまにか15の表現があなたのモノになっています。

1)	**I wake up.** 目が覚める	＊「起きる」はI get up.
2)	**I turn off the alarm clock.** 目覚まし時計を止める	＊turn off＝消す 　turn on＝つける
3)	**I brush my teeth.** 歯を磨く	＊teethはtoothの複数形。1本だけ磨く人はいませんね。
4)	**I wash my face.** 顔を洗う	
5)	**I shave.** ヒゲを剃る	
6)	**I put on my shirt.** シャツを着る	＊put on＝着る 　take off＝脱ぐ
7)	**I have breakfast.** 朝食をとる	＊haveには「食べる」という意味もあります。
8)	**I read the newspaper.** 新聞を読む	

Lesson 8

この表現だけは押さえよう

9) **I leave home.**
   家を出る

10) **I wait for a train.** ＊wait for＝…を待つ
    電車を待つ

11) **I get on the train.** ＊get on＋乗物＝乗物に乗る
    電車に乗る

12) **I change trains.** ＊trainsと、複数形になることに注意
    電車を乗り換える

13) **I get off the train.** ＊get off＋乗物
    電車を降りる　　　　　　　＝乗物を降りる

14) **I go into the office.** ＊go into＝…に入る
    オフィスに入る

15) **I take my seat.**
    席につく

マスターの秘訣　その１
前置詞・目的語を含めて１セットで覚えよう

　　ただ、単語を１語１語暗記していっても、関連する表現が実際に使う場で思い浮かばないことがよくあるものです。文単位で覚えるクセをつけると、必ず役に立ちます。

マスターの秘訣　その２
主語を３人称に変えたり、疑問文や否定文にしたりする

　　ひと通り、Ｉを主語にすらすら口にできるようになったら、今度は主語をheに変えたり、疑問文や否定文も作ってみましょう。３人称のときの〈s〉のついた一般動詞や、do, doesの使い分けが、自然にできるようになったら、もう大丈夫です。

Lesson 9

あなたの朝を英語で語ろう【主婦編】
掃除、洗濯…。家事を英語で表現する

　今度は、主婦編。起きる、歯を磨くといった、ビジネスマンと共通の行動は省いて、ここでは主に家事を英語で何というかを紹介します。毎日のことなのに、「英語で何というのか」は意外に知らないもの。

　でも、ここで紹介する表現は、どれも「ああ、見たことがある」という単語ばかりのはず。つまり、単語は知っていても、使い方は知らないケースが多いということです。文単位で覚えよう、とP.79でお話した意味がわかっていただけましたか？　では、さっそくチャレンジ！

1) **I open the window.**
   窓を開ける

2) **I dress my child.**
   子供に服を着せる
   ＊dressには「服を着せる、着る」という意味もあります。

3) **I take a shower.**
   シャワーを浴びる

4) **I comb my hair.**
   髪をとかす
   ＊combには「櫛」のほかに「髪をとかす」意味もあります。

5) **I make breakfast.**
   朝食を作る

6) **I boil some water.**
   お湯をわかす

7) **I make coffee.**
   コーヒーをいれる
   ＊「(飲み物)を入れる」はmakeで表現します。

8) **I feed the cat.**
   ネコにエサをやる
   ＊feedは、food(食べ物)が動詞になったもの。

9) **I wipe the table.**
   テーブルをふく
   ＊「…をふく」のwipeは、自動車の「ワイパー」でお馴染み。

Lesson 9

10) **I wash the dishes.**
　　食器を洗う
11) **I dry the dishes.** ｜ ＊dry＝乾かす、フキンなど
　　食器をふく 　　　　　でふく。
12) **I hang up the laundry.** ＊hang up＝吊るす
　　洗濯物を干す
13) **I clean the room.**
　　部屋を掃除する
14) **I take the garbage out.** ＊take out＝持ち出す
　　ゴミを出す
15) **I water the plants.** ＊「水」以外に water には「水
　　植物に水をやる　　　　をやる」の意味もあります。

マスター秘訣　その3

〈時〉を表す表現と組み合わせて練習してみよう。

　〈時〉を表す表現と組み合わせて、「(時間) に…する」という言い方を覚えましょう。ポイントは前置詞。繰り返し声に出して練習することで考えなくても、スラスラ口にできるようになります。

　ⓐ (何時に) ─────▶ at

I take a shower at seven o'clock.（私は7時にシャワーを浴びる）

　ⓑ (曜日、日にち) ─────▶ on

I take the garbage out on Friday.（私は金曜日にゴミを出す）

　ⓒ (午前中、午後) ─────▶ in

I clean the room in the morning.（私は午前中に部屋を掃除する）

　ⓓ (夜に) ─────▶ at

I read the newspaper at night.（私は夜、新聞を読む）

QUIZ 2

一般動詞の練習

1. かっこ内にあてはまる単語を入れて、文を完成させてください。

    (a) Look (　) that man.
    「あの人を見てごらん」
    (b) (　) quiet!
    「静かに！」
    (c) He (　) like animals.
    「彼は動物が好きではない」

2. かっこ内にあてはまる単語を入れて会話を完成させてください。

    (a) (　) go for a walk.　「散歩に行こうよ」
    All right.　「いいよ」
    (b) Do you (　) tennis?　「テニスする？」
    No, I don't play sports.
    　　　　「いや、スポーツはやらないんだ」
    (c) I like noodles. How about you?
    「ぼくはめん類が好きなんだ、君はどう？」
    I like them, (　).　「僕も好きだよ」

正解　1. (a) at (b) Be (c) doesn't
2. (a) Let's (b) play (c) too

やさしくステップ 3

意外に簡単！
英会話の時制

Review Your Junior High English And Speak It Fluently

復習

英語は「時」に厳密
―― 進行形「～している」に挑戦しよう

今まで習ったのは、すべて〈現在形〉

　だいぶ英語の感覚が戻ってきましたか？　さて、ここでちょっと今までと頭を切り換えていただきたいことがあります。それは、これまで勉強したのは、「現在形」ということです。ですが、もちろん時は流れているのですから、過去を語ることも、未来を語ることも出てくるのが当然です。ここから、しばらくは、この〈時〉の概念に注意して、新しい文法に踏み込んでいきます。

日本語は〈時〉にあいまいな言語

日本語でも、私たちは未来や過去を語っています。
〈過去〉の表現に対しては、日本語は比較的明確です。
「今日は雨だ」（現在形）
「昨日は雨だった」（過去形）
と「だ・である」を活用していることがわかりますね。けれど、これが〈未来〉になってくるとどうも怪しい。天気予報は、正しい標準語で語られますから、
「明日は、ところによりにわか雨か雷雨になるでしょう」
とはっきり〈未来〉とわかる表現をとります。
　でも、私たちの日常会話を考えてみてください。
「明日は、雨だよ」などとよく言うでしょう。「明日は」という言葉がなければ、現在のことを言っているのか、未来のことを言っているのか、区別がつきませんね。
　その点、英語は〈時〉に非常に敏感です。ここまでの勉強では〈動詞〉に焦点をあててきましたが、この動詞が〈時のルール〉つまり時制によって、明確な変化をしていくのが英語なのです。
「主語によって、動詞の形が変わるだけでめんどうなのに、このうえ

〈時〉のことまで考えられないよ」と思わないでください。be動詞と一般動詞の平叙文・否定文・疑問文をクリアしたあなたなら、今後出てくる時制による動詞の変化にも、どこか共通したルールを見いだせるようになっているはずです。

〈動作〉が進行するのが「進行形」
「…している」の日本語に惑わされるな

さて、〈時制〉の勉強のスタートは、〈現在進行形〉から始まります。〈現在進行形〉とは「今、…しているところだ」というように、その名が示すとおり、「今、進行している動作」を表すものです。

基本ルールは〈am, is, are の be 動詞＋一般動詞＋ing〉

下の2つの文を比べてみましょう。

〈現在形〉

I take a shower at seven o'clock.

（私は7時にシャワーを浴びます）

〈現在進行形〉

I am taking a shower now. （私は今、シャワーを浴びています）

上の〈現在形〉が現在の習慣を表しているのに対し、下の〈現在進行形〉では、まさにシャワーを浴びている真っ最中ということがわかりますね。

さて、ここで注意しておきたいのは、〈現在進行形〉ではあくまで〈動作の進行〉を表すもの、ということ。動詞には、動作を表すものもあれば、状態を表すものもあるからです。訳すと、「…している」になるものは、日本人は間違いやすい。たとえば、「私は彼は知っている」という訳だからといって、I am knowing him. にはなりませんから気をつけましょう。

Lesson 1 洋子のお手伝いをしているのよ

現在進行形のポイントはbe動詞

（家の中での会話）

A: Sarah, where are you?
B: I'm in the kitchen. I am helping Yoko.
A: What are you cooking?
B: We are cooking beef stew. I am cutting the onions, and Yoko is frying the beef.

単語熟語

help＋人＝…を助ける
stew[stjúː]＝シチュー

＊発音に注意。日本語ではすっかり「シチュー」でお馴染みですが、英語では「ステュー」に近い音です。

fry＝油で揚げる、いためる

訳

A：サラ、どこにいるんだ？
B：台所よ。洋子のお手伝いしているのよ。
A：お前たち、何の料理しているの？
B：ビーフシチューを作っているの。私がタマネギを切っていて、洋子が牛肉をいためているところよ。

Lesson 1

> この表現だけは押さえよう

I am helping Yoko.

「洋子のお手伝いをしているのよ」

主語によって be 動詞を使い分けよう

　「現在進行形」は、人の行動やその他の進行状況を述べるときに、日常生活ではよく使われる便利な表現です。ポイントは be 動詞。主語に応じて、使う動詞が変わります。あやふやになっている人は、**ステップ1**をもう一度復習しておきましょう。

Mrs. Thompson is watching television.（トンプソンさんはテレビを観ている）

You are playing the piano.（あなたはピアノをひいている）

I am eating cake.（私はケーキを食べている）

We are studying Japanese history.（私たちは日本史を勉強している）

What are you cooking?

「お前たち、何の料理しているの？」

疑問詞は、同じ法則でどんなときでも使える

　ステップ1で勉強した、「モノ」をたずねる疑問詞 what。be 動詞のときだけでなく、一般動詞でも、また時制も、現在・過去・未来、もちろん今、勉強中の現在進行形でも、いつでも使えます。もっと言えば、すべての疑問詞を同じルールで使うことができるのです。そのルールとは「わからない部分を疑問詞として文の頭にもってきて、あとは普通の疑問文にする」というもの。では、練習してみましょう。

平叙文:　　　　　You are cooking stew.
　　　　　　　　　　　　（あなたはシチューを作っている）

疑問文:　　　Are you ☐ cooking stew?
　　　　　　　　　　　（あなたはシチューを作っているのですか？）

疑問詞: What are you 　cooking ☐ ?
　　　　　　　　　　　（あなたは何を作っているんですか？）

Lesson 2

あなた、聞いているの？

現在進行形の否定文は be 動詞＋not

（テレビで野球の中継を見ながら）

A: Please turn off the TV.
B: It's a strike!
A: Are you listening to me?
B: Good!
A: You're not listening to me. Turn off the TV. It's too loud.

単語熟語
turn off....＝…を消す　TV＝テレビ　strike＝ストライク
listen to....＝…をきく

＊似た単語に「hear」がありますが、「hear」が主に、「聞こえる」という状態を表すのに対し、「listen」は、「聞き取る」という本人の意志や、能力のニュアンスが含まれます。

loud＝大声の

＊音が大きい〔強い〕の意味で、必ずしも騒がしいことを示すわけではありません。これに対し、「noisy」は、「様々な音がひっきりなしに続いて騒がしく、耳障りで、不愉快」というニュアンスを含みます。

訳
A：テレビを消してちょうだい。
B：ストライクだ！
A：あなた聞いているの？
B：いいぞ！
A：聞いていないのね。テレビを消してよ。音が大きすぎるわ。

Lesson 2

> この表現だけは押さえよう

Are you listening to me?
「あなた聞いているの？」

be 動詞を主語の前に持ってくる法則を思い出そう

P.87で少し触れた、現在進行形の疑問文です。現在進行形の疑問文・否定文のカギを握っているのは、be 動詞。be 動詞を使った文と一緒です。このように英語の文法は、新しい表現が出てきても、変化を起こすのは、1文につき1つの箇所だけのことが多いのです。

平叙文： You are listening to me.
疑問文： Are you ◯ listening to me?
応答文： Yes, I am.／No, I'm not.

You're not listening to me.
「聞いていないのね」

否定文は、やっぱり be 動詞＋not でいいのだ

be 動詞の否定文の作り方と同じで、現在進行形の否定文の作り方は be 動詞＋not＋（動詞＋ing）になります。さあ、練習です。

Mrs. Thompson isn't watching television.
　　　　　　　　（トンプソンさんはテレビを観ていない）
You are not playing the piano. （あなたはピアノをひいていない）
I'm not eating cake. （私はケーキを食べていない）
We're not studying Japanese history.
　　　　　　　　（私たちは日本史を勉強していない）

文型表9 現在進行形のルールを身につけよう

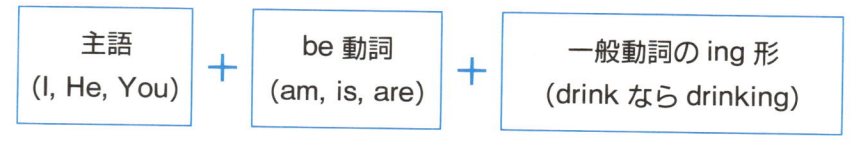

A 現在進行形 ｛平叙文「〜は飲んでいます」/ 否定文「〜は飲んでいません」｝

I （私は）	'm / am	（いる）	drinking. （飲んで）
	'm not / am not	（いない）	
He （彼は） She （彼女は） It （それは）	's / is	（いる）	
	isn't / is not	（いない）	
We （私たちは） You （あなたたちは） They （彼らは）	're / are	（いる）	
	aren't / are not	（いない）	

　現在進行形では「いま〜をしているところです」を表現します。まさに現在行われている動作を言い表すのです。

現在進行形の、次の形を覚えてください。

| 主語
(I, He, You) | ＋ | be 動詞
(am, is, are) | ＋ | 一般動詞の ing 形
(drink なら drinking) |

B 現在進行形の疑問文 「〜は飲んでいますか？」

Am（いますか？）	I （私は）	
Is（いますか？）	he （彼は） she （彼女は） it （それは）	drinking？（飲んで）
Are（いますか？）	we （私たちは） you （あなたは） they （彼らは）	

C 現在進行形の応答文 「はい、飲んでいます」「いいえ、飲んでいません」

Yes,（はい、）	I （私は）	am.（飲んでいます）
	he （彼は） she （彼女は） it （それは）	is.（飲んでいます）
	you （あなたは） we （私たちは） they （彼らは）	are.（飲んでいます）
No,（いいえ、）	I （私は）	'm not.（飲んでいません）
	he （彼は） she （彼女は） it （それは）	isn't. 's not.（飲んでいません）
	you （あなたは） we （私たちは） they （彼らは）	aren't. 're not.（飲んでいません）

復習 時制の第2弾は「過去形」
―― 「～した」「～だった」と言えるようになろう

現在形と比較しながら覚えると、意外に簡単な〈過去形〉

　今より前のことを話題にするのが「過去形」。会話でも文章でも、過去のことを話題にする機会は非常に多いのですが、しばらく英語から遠ざかっていた人には、やっかいに感じるものです。でも、ここまでの学習で be 動詞と一般動詞の現在形を何度も繰り返して勉強してきましたから、それと比較しながら覚えてみましょう。意外と簡単にマスターできるものです。

be 動詞の場合は was もしくは were に変化する

　現在形では、am, is, are の3種類あった be 動詞は、過去形では、was, were の2種類にかわります。

人称		現在形	過去形
1人称	単数	I am	I was
	複数	we are	we were
2人称	単数	you are	you were
	複数	you are	you were
3人称	単数	he / she / it　is	he / she / it　was
	複数	they are	they were

否定文、疑問文の作り方は〈現在形〉と同じです。

(a) 否定文は、「be 動詞（was, were）＋not」でOK。

　I was not fine yesterday.

　（私は昨日元気ではありませんでした）

＊yesterday＝昨日

They were not busy at that time.

（彼らは、その頃忙しくはなかった）

＊at that time＝その頃

(b)疑問文は、主語と be 動詞を逆転。もう覚えたかな？

平叙文: The cherry blossoms were beautiful in the park.

（公園の桜はきれいでした）

疑問文: Were the cherry blossoms beautiful in the park?

（公園の桜はきれいでしたか？）

⇨Yes, they were.（Yes, 主語＋be 動詞）（はい、きれいでした）

No, they were not.（No, 主語＋be 動詞＋not.）

（いいえ、きれいではありませんでした）

一般動詞の場合は、原型に-ed をつける。do, does は did にかわる

下の表を見て下さい。

	現在形	過去形
①平叙文	We play golf. He plays golf.	We played golf. He played golf.
②否定文	We don't play golf. He doesn't play golf.	We didn't (did not) play golf. He didn't play golf.
③疑問文	Do you play golf? Does he play golf?	Did you play golf? Did he play golf?
④Yes/No	Yes, we do. No, we don't. Yes, he does. No, he doesn't.	Yes, we did. No, we didn't. Yes, he did. No, he didn't.

①動詞はすべて過去形に変化させよう。

　過去形の文では、動詞が過去形に変化します。前のページにあるように、原形に-edをつけるだけの規則変化の動詞と、形が全く変わってしまう不規則変化の動詞があります。重要なのは、現在形では3人称単数の動詞には〈s〉をつけましたが、過去形では人称による変化はないことです。

②～④do／doesはすべて〈did〉に変えよう。

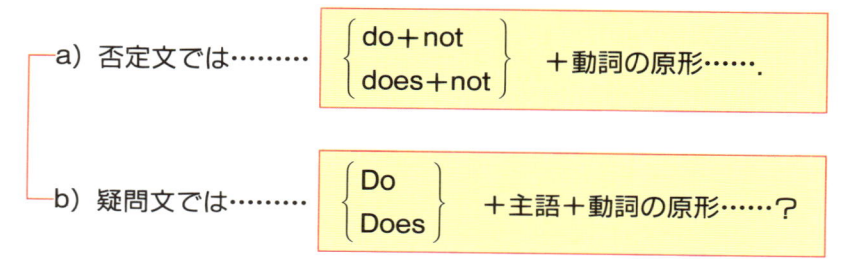

- a) 否定文では………　$\begin{Bmatrix} \text{do}＋\text{not} \\ \text{does}＋\text{not} \end{Bmatrix}$ ＋動詞の原形……．

- b) 疑問文では………　$\begin{Bmatrix} \text{Do} \\ \text{Does} \end{Bmatrix}$ ＋主語＋動詞の原形……？

というのが、現在形の一般動詞の文のルールでした。過去形では、do, doesの区別はなく、すべて〈did〉になり、

- a′) 否定文では……　did＋not＋動詞の原形……．

- b′) 疑問文では……　Did＋主語＋動詞の原形……？

となります。

一般動詞の過去形の発音

　動詞の原型に-edまたは-dをつけて、過去形をつくります。この部分の発音には、気をつけてください。

　普通は-edは〔d〕の音ですが、語尾の音が〔t〕や〔d〕の場合は、-edは〔id〕の音になり、〔t〕以外の無声音（音にならない音）の場合は、〔t〕の音になります。

-ed の発音

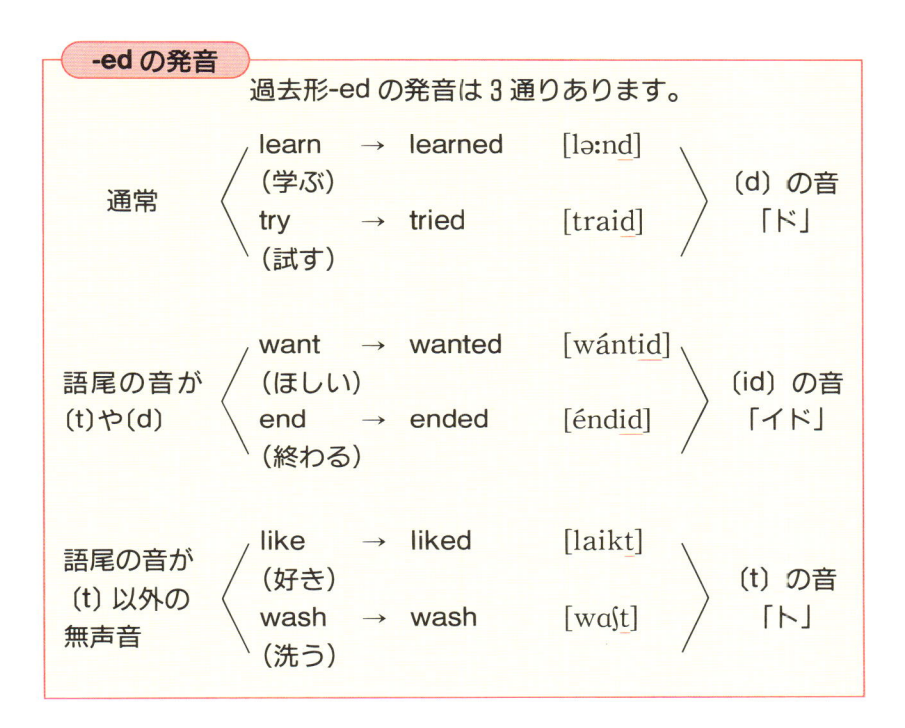

過去形 -ed の発音は3通りあります。

通常	learn (学ぶ) → learned [ləːnd] try (試す) → tried [traid]	(d) の音「ド」
語尾の音が (t)や(d)	want (ほしい) → wanted [wɑ́ntid] end (終わる) → ended [éndid]	(id) の音「イド」
語尾の音が (t) 以外の無声音	like (好き) → liked [laikt] wash (洗う) → wash [wɑʃt]	(t) の音「ト」

Lesson 3 どこで財布を落としたんだ？
過去形の文の作り方

「落としてなくす」という動詞は lose。過去形は不規則変化で lost となります。さて、あなたが会社に着いたら、財布がなかったとします。あなたの朝の行動を「過去形」で振り返ってみる練習をしてみましょう。そもそも財布をポケットに入れ忘れたのでしょうか？ それとも、やっぱり落としてしまったのでしょうか？ 使う表現は、P.78〜79で勉強したもの。繰り返し声を出して練習して、規則動詞・不規則動詞の感覚を磨いてください。

Where did you lose your wallet?
（どこで、財布を落としたのでしょう？）

1) **I woke up.** （目が覚めた）
2) **I turned off the alarm clock.** （目覚まし時計を止めた）
3) **I brushed my teeth.** （歯を磨いた）
4) **I washed my face.** （顔を洗った）
5) **I shaved.** （ヒゲを剃った）
6) **I put on my shirt.** （シャツを着た）
7) **I had breakfast.** （朝食をとった）
8) **I read a newspaper.** （新聞を読んだ）
9) **I left home.** （家を出た）
10) **I waited for a train.** （電車を待った）
11) **I got on the train.** （電車に乗った）
12) **I changed trains.** （電車を乗り換えた）
13) **I got off the train.** （電車を降りた）
14) **I went into the office.** （オフィスに入った）
15) **I took my seat.** （席に着いた）

Lesson 3

一般動詞の規則変化をマスター！

(a)動詞の最後に ed をつけるもの。

　これが最も多いパターン。3）の wash⇒washed などがそのパターンです。

(b)語尾が e で終わる動詞は、d だけつける。

　5）shave⇒shaved、12）change⇒changed などがあります。

(c)語尾の y を i に変えて、ed をつけるもの。

　ここには例がありませんが、語尾が「子音字＋y」で終わる動詞の場合のルールです。

cry（泣く）⇒cried　study（勉強する）⇒studied などがあります。

(d)最後の子音を重ねてから ed をつけるもの。

　語尾が「アクセントのある短母音字＋1つの子音字」で終わる場合のルールです。

stop（止める）⇒stopped　wrap（包む）⇒wrappedなどがあります。

一般動詞の不規則変化をマスター！

　7）have⇒had　9）leave⇒left のように、全く形が変わってしまう動詞のことを指します。なかには、6）put⇒put のように原形も過去形も同じ形のものや、8）read[ríːd]⇒read[réd] のように、つづりは同じなのに、発音が変わるものもあります。

　不規則変化をする動詞は、原形と一緒に声に出し、リズムに乗せて覚えるのがマスターのコツです。

Lesson 4 いい週末だった？
過去形の疑問文・否定文の作り方

(月曜日、学校で)

A: Hi! Did you have a good weekend?

B: Yes.

A: Where did you go?

B: I went to a movie with Yoko. We saw "Die Hard Ⅲ."

A: Did you like it?

B: I did, but Yoko didn't.

単語熟語
go to a movie＝映画を観に行く　see⇒saw＝見る⇒見た
＊同じ「見る」でも、「look at」は「見ようとして視線を向けること」を指します。また「watch」は「注意を集中して見る」のニュアンスを含み、テレビやスポーツの試合を見るときによく使われます。

訳
A：ねえ！　いい週末だった？
B：ああ。
A：どこに行ったの？
B：洋子と映画を見に行ったんだ。
　　『ダイ・ハード3』を見たんだよ。
A：おもしろかった？
B：僕はね。でも、洋子は好きじゃなかったみたい。

Lesson 4

> ### Did you have a good weekend?
> 「いい週末だった？」

一般動詞を使う過去の疑問文は did を使う

　　もうこの規則はマスターしましたか？　ちなみにこの文を平叙文に変えるとどうなるでしょう？　have は不規則動詞ですから、You had a good weekend. になります。

「have」は意味は「持つ」だけじゃない

　　「have」は、日常会話で非常によく使われる動詞です。ここでは「時を過ごす」「経験する」という意味で使われています。つまり have a good weekend で、「いい週末を過ごす」という意味になるのです。同じ使い方で、旅に出発する人に対して、Have a nice trip.「よい旅を！」という表現もよく使われますので、覚えておくと便利です。

> ### Where did you go?
> 「どこに行ったの？」

疑問詞と過去形を組み合わせてみよう

　　「場所」をたずねる疑問詞、where を過去形の文の中で使ってみましょう。くどいようですが、わからない部分を疑問詞として文頭にもってきて、あとは普通の疑問文と同じ、というルールを厳守しましょう。

①平叙文:　　　　　　I went to the park.（私は公園へ行った。）

②疑問文:　　　　　Did you go to the park?
　　　　　　　　　　　　　　　　　　（公園へ行きましたか？）

③疑問詞: Where did you go 　　　　　　？
　　　　　　　　　　　　　　　　　　（どこへ行きましたか？）

※did を用いている②と③の文は、went ではなく、go を使います。

Lesson 5 寝坊したの？

一般動詞の過去形と理由をたずねる疑問詞 —— why

（おくれて、出社して）

A: Good morning!

B: You're late. Did you get up late?

A: No, I didn't.

B: Did you miss the bus?

A: No.

B: Well, why are you late?

A: The bus didn't come on time.

B: Excuses! Excuses!

単語熟語
You're＝You are（口語的短縮形） late＝遅れた、遅刻した
get up＝起きる miss＝（乗り物などに）乗りおくれる
on time＝時間どおりに
excuse＝言いわけ
＊ここでは何回も言いわけが続くような感じで、"s"のついて複数形になっている。

訳
A：おはようございます！
B：遅刻だよ、寝坊したの？
A：いいえ、していません。
B：バスに乗りおくれたの？
A：いいえ。
B：では、どうして遅れたの？
A：バスが時間通りに来なかったんです。
B：言いわけばかり言って！

Lesson 5

> この表現だけは押さえよう

Did you get up late?
「寝坊したの？」

〈get up late〉＝「遅刻した」

　　ここでは Did から文が始まっていることで、すぐに過去の疑問文だとわかります。この文は直訳して、「あなたは遅く起きたのですか？」となり、つまり「ねぼうしたのですか？」をを聞いています。平叙文にすると、I got up late.「僕はねぼうした」となります。

Why are you late?
「どうして遅刻したの？」

理由をたずねる疑問詞 —— why

　　Why〜?で始まる、「どうして？／なぜ？」の疑問文です。この上の文に対する応答文は普通、Because....「なぜなら…」と言って答えます。くわしくは、P.154で勉強します。ここでは The bus didn't come on time.と、Because を使っていません。実際の会話ではこういう答え方もかなりあります。

Excuses!　Excuses!
「言いわけばかり言って！」

日常会話でよく使われるので覚えておこう！

　　この表現の気持ちとしては、You always have an excuse.「あなたはいつも言い訳がある」つまり、「あなたはいつも言い訳を言っている」ということを言っています。ここにあるように、Excuses を2回繰り返して言ってください。

文型表10 過去形をモノにしよう

A 一般動詞の過去形 { 平叙文「～は公園に行った」 / 否定文「～は公園に行かなかった」 }

I（私は） You（あなたは） He（彼は） She（彼女は） We（私たちは） They（彼らは）	went （行った）	to the park. （公園へ）
	didn't go did not go （行かなかった）	

＊次に be 動詞と一般動詞を比べて見ていきましょう。一般動詞を使った疑問文では、Did＋主語＋動詞の原形？ の文型になります。

be動詞

平叙文： He was busy.「彼は忙しかった」

疑問文： Was he busy?「彼は忙しかったのですか？」

一般動詞

平叙文： He went to the park. 「彼は公園に行った」

疑問文： Did he go to the park? 「彼は公園に行きましたか？」
　　　　過去形　原型

B 一般動詞の過去形の疑問文　「～は公園に行きましたか？」

Did（ましたか？）	I（私は） you（あなたは） he（彼は） she（彼女は） we（私たちは） they（彼らは）	go（行き）	to the park?（公園に）

C 一般動詞の過去形の応答文　{「～は行きました」／「～は行きませんでした」}

Yes,（はい）	I（私は） you（あなたは） he（彼は）	did.（行きました）
No,（いいえ）	she（彼女は） we（私たちは） they（彼らは）	didn't.（行きませんでした）

QUIZ 3

現在進行形・過去形の練習

1. (　) 内にあてはまる語を入れて、対話を完成させましょう。

    (a) (　) you (　) to a restaurant last night?
        No, I (　). I (　) dinner at home.
    (b) (　) Mary go to college?
        No, she (　). She is a high school student.
    (c) A: (　) does Ron work?
        B: He (　) in a hospital.
        A: Really? What does he do there?
        B: He (　) a doctor.
    (d) A: What are you (　)?
        B: We (　) cooking beef stew.

正解　1. (a) Did, go, didn't, had (ate) (b) Does, doesn't (c) Where, works, is (d) cooking, are

やさしくステップ 4

助動詞を覚えて
言いたいことがスラスラ！

Review Your Junior High English And Speak It Fluently

> **復習**

助動詞なんて簡単
―― can を使って助動詞の共通ルールを覚えよう

日本語の助動詞をいとも簡単に使っているあなたなら

「ら・り・れる・れる・れ・れろ」。突然、何かと思いましたか？これは日本語の助動詞「れる」の活用です。小学校・中学校の国語の時間に、一生懸命活用を暗記した方もいらっしゃるでしょう。

この助動詞「れる」には「受け身・可能・尊敬・自発」と4つも意味があって、それも後ろにくる助詞によって、先にあげたような活用まですろ。私たちは、知らず知らずのうちに日常会話の中で、こんな高度なことをごく自然に使い分けているのです。驚きですね。

英語にも同じように助動詞がいくつかあります。ひとつの助動詞が、いくつかの意味をもつ、という部分では日本語と同じですが、むずかしい活用があるわけでもないし、ひとつの文法的法則を、すべての助動詞に使うことができるのです。特に、一般動詞の疑問文・否定文で、do, does の使い分けを必死で勉強したあなたなら、人称によって使い分ける必要のない助動詞を見れば、「なんて簡単なんだ！」と感じるはずです。

「1を知って10を知る」
助動詞 CAN を使って共通ルールをマスター

復習の意味をこめて英語で「彼はテニスをする」と言ってみましょう。そうです。He plays tennis. ですね。いつもどおり、否定文・疑問文も作ってみましょう。

平叙文: He plays tennis.「彼はテニスをする」
否定文: He doesn't (does not) play tennis.「彼はテニスをしない」
疑問文: Does he play tennis?「彼はテニスをしますか？」
応答文: Yes, he does. ／No, he doesn't (does not).
　　　　　　　　　　　　「はい、します／いいえ、しません」

さて、助動詞「can」には「…できる」という意味があります。では、「彼はテニスをすることができる」と英語で言うにはどうしたらいいのでしょう。

He can play tennis.

　これでいいのです。動詞の前に置くだけ。よく見ると3人称単数の〈s〉がなくなっていることがわかりますね。助動詞の後にくる動詞は「いつも原形」。何も操作する必要がありません。では、否定文・疑問文になるとどうでしょうか。

平叙文: He can play tennis.「彼はテニスをすることができる」
否定文: He can't (can not) play tennis.
　　　　　　　　　　　　　　「彼はテニスをすることができない」
疑問文: Can he play tennis?
　　　　　　　　　　　　　　「彼はテニスをすることができますか？」
応答文: Yes, he can.／No, he can't (can not).
　　　　　　　　　　　　　　「はい、できます／いいえ、できません」

　上の現在形の変化と、この can を使った文の下線部に注目してください。同じ使い方でしょう。それも、先ほど触れたように、助動詞を使った文には、do, doesのような、人称による変化はありません。一般動詞をマスターしたあなたなら、簡単に覚えられる、と言った意味を理解していただけましたか。下の一覧で、整理しておきましょう。これはすべての助動詞に利用することができます。

平叙文: 主語＋助動詞＋動詞の原形.
否定文: 主語＋助動詞＋not＋動詞の原形.
疑問文: 助動詞＋主語＋動詞の原形？
応答文: Yes, 主語＋助動詞.／No, 主語＋助動詞＋not.

　では、いよいよひとつひとつの助動詞の用法をマスターしていきましょう。You can do it!「あなたもできる！」

Lesson 1 助動詞 can をマスターしよう

「可能」「許可」「依頼」を表す —— can

用法その1　…することができる【可能】

能力・可能を表す用法。これが、一番よく知られているでしょう。

例) Mary can play the piano.

（メアリーはピアノをひくことができます）

He can't speak English.

（彼は英語を話すことができません）

＊can't は、can not の短縮形。「キャーント」とちょっとのばして発音するのがポイントです。

用法その2　…してもよい【許可】

あとで勉強する助動詞 may にも同じ意味がありますが、「許可」の意味があります。会話によく出てくる表現です。

例) Can I speak to you a moment?

（ちょっとお話ししてもいいですか？）

You can go to a movie with him.

（彼と映画に行ってもいいよ）

用法その3　can の過去形は could

「…することができた」と、過去形で言うときには can は could に変化します。使い方は、現在形のときと全く同じ。前のレッスンにあ

Lesson 1

ったルール表を思い出して、練習してみましょう。

平叙文: He could come to the party.

「彼はパーティに来ることができた」

否定文: He (couldn't) could not come to the party.

「彼はパーティに来ることができなかった」

疑問文: Could he come to the party?

「彼はパーティに来ることができましたか？」

応答文: Yes, he could.／No, he couldn't (could not).

「はい、来れました／いいえ、来れませんでした」

＊could は、〈l〉が発音されず、[kúd]「クッド」になります。

用法その4
「…していただけますか？」とていねいな could

　ステップ2の命令文のレッスンで、「ていねいに頼むなら、please をつける」ということを勉強しましたね。でも、よりていねいに表現しようと思えば、日本語でも「…してください」ではなく、「…してくれますか？」と疑問文で依頼するでしょう？　英語も全く同じ。そんなときに使われるのが、この could なのです。

例) Could you come and see me tomorrow?

　　（明日おいで願えないでしょうか？）

　　＊Come and see＋人＝「…に会いに来る」

コラム　助動詞こぼれ話① can

　can という単語は、助動詞のほかに名詞として、金属製の容器、ブリキ缶、缶づめの缶などの意味もあるのです。桃の缶づめなら「peach can」。英語の発音だと、「キャン」ですが、「缶」が「can」なんて、親しみやすいですね。

文型表11 助動詞のルールを身につけよう

A 「can」を使った ｛平叙文「〜は運転ができます」 / 否定文「〜は運転ができません」｝

I （私は） You （あなたは） He （彼は） She （彼女は） It （それは） We （私たちは） They （彼らは） Tom （トムは）	can （できます）	drive.（運転が）
	can't cannot （できません）	

＊助動詞は、動詞の前に位置して動詞に一定の意味をつけ加えます。

| I | can | drive |. 「私は運転ができます」
| 主語 ＋ 助動詞 ＋動詞の原形 |

このように助動詞のある文は必ず「助動詞＋動詞の原形」であることを覚えておいてください。

B 「can」を使った疑問文　「~は運転ができますか？」

Can (~できますか？)	I　　（私は） you　（あなたは） he　　（彼は） she　（彼女は） it　　（それは） we　（私たちは） they　（彼らは） Tom　（トムは）	drive?（運転が）

C 「can」を使った応答文 ｛「はい、できます」 「いいえ、できません」｝

Yes,（はい）	I　　（私は） you　（あなたは） he　　（彼は） she　（彼女は）	can.（できます）
No,（いいえ）	it　　（それは） we　（私たちは） they　（彼らは）	can't. cannot. （できません）

＊Can Tom drive?「トムは運転できますか？」と聞かれたときは、固有名詞の Tom は普通代名詞の he に変わって「Yes, he can.」または「No, he can't.」つまり「はい、できます」「いいえ、できません」と応答します。

Lesson 2 助動詞 will をマスターしよう①

「未来」を表す —— will

用法その1
…だろう／…するつもりだ【未来・予定】

　これまで、現在と現在進行形、そして過去という3つの時制を勉強しました。今度は、まだ起こっていないこと、つまり未来や予定、意志についても話せるようになります。そんなときに使うのが助動詞 will です。

例) My son will go to school this year.
　　（私の息子は今年から学校に行く<u>予定です</u>）
　　 It will be fine tomorrow.
　　（明日は晴れる<u>でしょう</u>）

＊助動詞のあとには動詞の原形がきますから、It is fine.「晴れです」
　を未来形にするには、be 動詞の原形、つまり be を使います。

＊〈未来〉を語るときの〈時〉に関する表現も一緒に覚えておきましょう。

1) tomorrow を使って
　　tomorrow（明日）　tomorrow morning（明日の朝）
　　the day after tomorrow（明後日）
2) next を使って
　　next Monday（この次の月曜）　next week（来週）
　　next month（来月）　next year（来年）
3) その他のよく使われる表現
　　soon（すぐ、まもなく）　some day（いつか）
　　in the future（未来に、将来）
　　in the near future（そのうちに、近い将来）
　　one of these days（そのうちに）

Lesson 2

> **用法その2**
> **「I'll」「won't」と、ユニークな短縮形**

　willは、ちょっと今までに見なかった短縮形を用います。主語とセットになった短縮形が〈'll〉。たとえば、I will は〈I'll〉となり、「アイル」と発音されます。某航空会社のキャンペーンのキャッチコピーに使われていましたね。

> will の短縮形
> I+will=I'll　　you+will=you'll
> he+will=he'll　　she+will=she'll
> they+will=they'll

　また否定文では、will not の短縮形は won't となり「ウォント」と発音されます。

例）They won't (will not) work on Sunday.
　　（彼らは日曜日には働かないでしょう）
　　She won't (will not) go back to her hometown.
　　（彼女は、故郷に帰らないつもりです）

用法その3　will と同じ意味の be going to

　will と同じように未来や予定を表すときに、be動詞＋going to＋動詞の原形もよく使われます。be の部分は am, is, are を人称に合わせて使い分けましょう。

A）I am going to travel all over the world.
　＝I will travel all over the world.
　　（私は世界中を旅行するつもりだ）

＊all over〜＝〜のいたるところに〔を〕
　all over the world＝世界中に〔を〕

B）They are going to cook dinner.
　＝They will cook dinner.
　　（彼らが夕食を作るでしょう）

　否定文、疑問文を作るときは、be 動詞のルールに準じます。つまり否定文なら be 動詞＋not に、疑問文なら be 動詞を主語の前にもってきます。

A′）の否定文　I am not going to travel all over the world.
　　　　　　　（私は世界中を旅行するつもりではない）

B′）の疑問文　Are they going to cook dinner?
　　　　　　　（彼らが夕食を作るのですか？）

コラム

助動詞こぼれ話② will

　未来や計画、意志を表す助動詞 will。名詞としても用いられ、そのときはやはり「意志」という意味になります。Where there is a will, there is a way.（意志あるところに道あり）なんてことわざ、見たことあるでしょう。

英会話上達のコツ

　英語は私たち日本人にとって、外国語ですから、むずかしいと思うかもしれません。特に「聞いて話す」ことは学校であまり学習していなかったため、苦手な人がたくさんいます。

　しかし、世界中の人々が、それぞれクセのある英語を話しているように、日本人も日本人英語で全く恥ずかしくないのです。もちろん、よりネイティブの英語に慣れるように練習することも大切ですが、もっと自分の英語に confidence「自信」をもって学習していきたいものです。

　日本人が英語を話すときは、常に、①speak slowly「ゆっくり話す」②speak clearly「はっきり話す」の2点を心にとめておいてください。緊張すると、どうしても早口になり、相手にわかりにくくなりますので、注意しましょう。

文型表12 be going to+動詞の原形をモノにしよう

A 未来・予定　平叙文「〜はそれを食べるでしょう」
　　　　　　　　 否定文「〜はそれを食べないでしょう」

I （私は）	'm am （べる）		
	'm not am not （べない）		
He （彼は） **She** （彼女は） **It** （それは）	's is （べる）	going to （〜でしょう）	eat it. （それを食（べる））
	isn't is not （べない）		
We （私たちは） **You** （あなたは） **They** （彼らは）	're are （べる）		
	aren't are not （べない）		

＊「私はそれを食べるでしょう」とか「私はそれを食べるつもりです」と、未来・予定を表す表現には、助動詞を使った、

I will eat it.以外に上にあるように、I'm going to eat it.とも言い表せます。この be動詞 + going to + 動詞の原形を使って、A、B、Cの平叙文、否定文、疑問文、応答文を作ってみましょう。

B 未来・予定の疑問文　「〜はそれを食べますか？」

Am (〜か？)	**I** (私は)	**going to** (でしょう)	**eat it?** (それを食べる)
Is (〜か？)	**he** (彼は) **she** (彼女は) **it** (それは)		
Are (〜か？)	**we** (私たちは) **you** (あなたは) **they** (彼らは)		

C 未来・予定の応答文　{「はい、食べるでしょう」／「いいえ、食べないでしょう」}

Yes, (はい)	**I** (私は)	**am.** (食べるでしょう)
No, (いいえ)		**am not.** (食べないでしょう)
Yes, (はい)	**he** (彼は) **she** (彼女は) **it** (それは)	**is.** (食べるでしょう)
No, (いいえ)		**isn't.** (食べないでしょう)
Yes, (はい)	**we** (私たちは) **you** (あなたは) **they** (彼らは)	**are.** (食べるでしょう)
No, (いいえ)		**aren't.** (食べないでしょう)

文型表13 未来を表現する言い回しを制覇しよう

◆未来を表現する

可能性（％）	形容詞を使う	
100％を表現する	**sure** 確かに	（例）I'm sure that he will win. 「彼は確かに勝つだろう」
90〜100％を表現する	**likely** ありそうな	（例）He is likely to win. 「彼はたぶん勝つだろう」
20〜90％を表現する	**possible** 可能な	（例）It's possible to win. 「勝つ可能性はある」
1〜50％を表現する		
1〜10％を表現する	**unlikely** ありそうにない	（例）He is unlikely to win. 「彼は勝ちそうにない」
0％を表現する	**impossible** 不可能な	（例）It's impossible to win. 「勝つのは不可能だ」

未来表現をするのに、will や be 動詞＋going to＋動詞の原形が使われることを学習してきましたが、次にあるような、形容詞、助動詞を使って、いろいろな未来の可能性の程度を表現できます。

助動詞を使う	
will 〜だろう	（例）He will win. 「彼は勝つだろう」
may 〜かもしれない	（例）He may win. 「彼は勝つかもしれない」
might 〜かもしれない	（例）He might win. 「もしかすると彼は勝つかもしれない」
could 〜かもしれない	（例）He could win. 「ことによると彼は勝つかもしれない」
will not（won't） 〜しないでしょう	（例）He will not win. 「彼は勝たないでしょう」

Lesson 3 助動詞 will をマスターしよう②

「意志」「依頼」を表す —— will

用法その4
「…してくれませんか?」の Will you...?

〈Will you...?〉という疑問文は、〈あなたは…するつもりですか?〉だけでなく〈…してくれませんか?〉と、「依頼」するときにも使われます。会話の流れや文脈から判断してください。

例) Will you go to America this summer? 【予定】
（今年の夏はアメリカに行くつもりですか?）
　Will you cook dinner for me? 【依頼】
（私に夕食を作ってくれませんか?）

用法その5
Would you...? にすれば、もっと丁寧に

would は、助動詞〈will〉の過去形。「え、未来の助動詞の過去?」と頭が混乱する人がいるかもしれませんので、ここでは、日常でよく使う〈would〉の用法を勉強しましょう。まずその1つが、〈依頼〉の文。「用法その4」の「Will you...?」と使い方は全く同じですが、もっと丁寧な〈依頼〉になります。

例) Would you show me the way?
　（道を教えていただけますか?）

＊show A + B = A に B を示す、見せる

　Would you open the door?（ドアを開けてもらえますか?）
街角で、知らない人に道をたずねたり、助けてもらいたいときには、Would you...? と礼儀正しく、しかもスマートに決めたいものですね。
ちなみに would は [wə́d]（ウッド）と発音しますが Would you...?

は、「ウッド・ユー」というより、この 2 語がほぼつながって「ウッジュー」に近い音で発音されます。

> **用法その 6**
> # やんわりと希望を告げる would like

　助動詞 would と「好きだ」という意味で習った一般動詞の like を組み合わせると、〈希望〉を表し、日本語の「…が欲しい」というニュアンスを示しますが、露骨に want と言うよりも、ていねいで上品です。

例) I would like some water.（水が欲しいのですが）

　　 He would like a new car.

　（彼は新しい自動車を手に入れたいのだ）

　さて、これを疑問文や否定文にする方法は、ほかの助動詞のルールと同じ。否定文では would の後に not をつける。疑問文のときは、would を文頭に持ってきます。

平叙文: You would like coffee.「あなたはコーヒーが欲しい」
否定文: You wouldn't (would not) like coffee.

　　　　　　　　　　「あなたはコーヒーが欲しくない」

疑問文: Would you like coffee?

　　　　「あなたはコーヒーが欲しいですか？／いかがですか？」

　疑問文では、「…はいかがですか？」というニュアンスになります。これに答えるときは、

欲しいなら⇒Yes, please.（ええ、お願いします）
嫌なら⇒No, thank you.（いいえ、結構です）

と答えましょう。これで、もう英語で何かを勧められても、応対できますね。

すぐわかる！

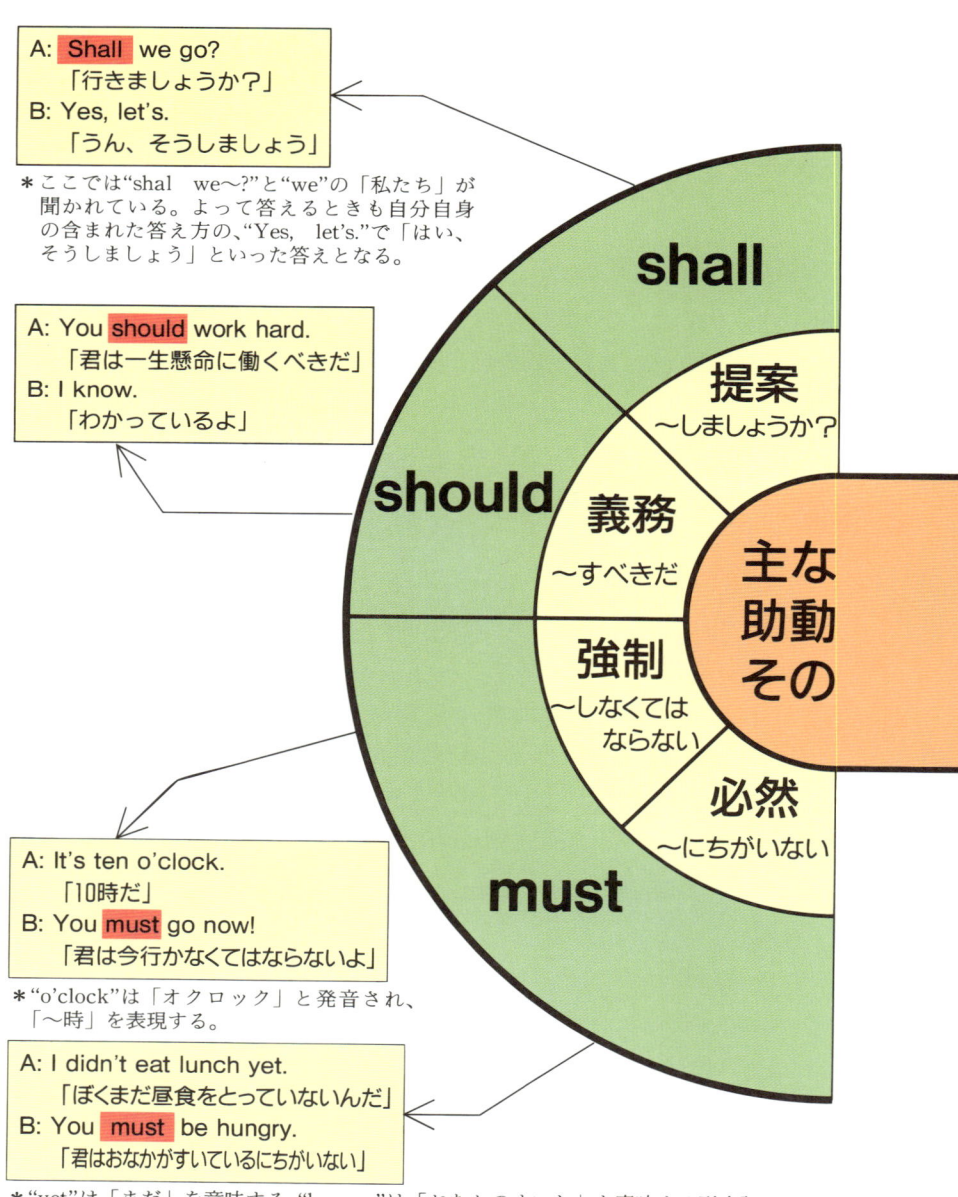

A: <mark>Shall</mark> we go?
　「行きましょうか？」
B: Yes, let's.
　「うん、そうしましょう」

＊ここでは"shall we～?"と"we"の「私たち」が聞かれている。よって答えるときも自分自身の含まれた答え方の、"Yes, let's."で「はい、そうしましょう」といった答えとなる。

A: You <mark>should</mark> work hard.
　「君は一生懸命に働くべきだ」
B: I know.
　「わかっているよ」

shall
提案
～しましょうか？

should
義務
～すべきだ

強制
～しなくてはならない

必然
～にちがいない

主な助動その

must

A: It's ten o'clock.
　「10時だ」
B: You <mark>must</mark> go now!
　「君は今行かなくてはならないよ」

＊"o'clock"は「オクロック」と発音され、「～時」を表現する。

A: I didn't eat lunch yet.
　「ぼくまだ昼食をとっていないんだ」
B: You <mark>must</mark> be hungry.
　「君はおなかがすいているにちがいない」

＊"yet"は「まだ」を意味する。"hungry"は「おなかのすいた」を意味する形容詞。

助動詞一覧表

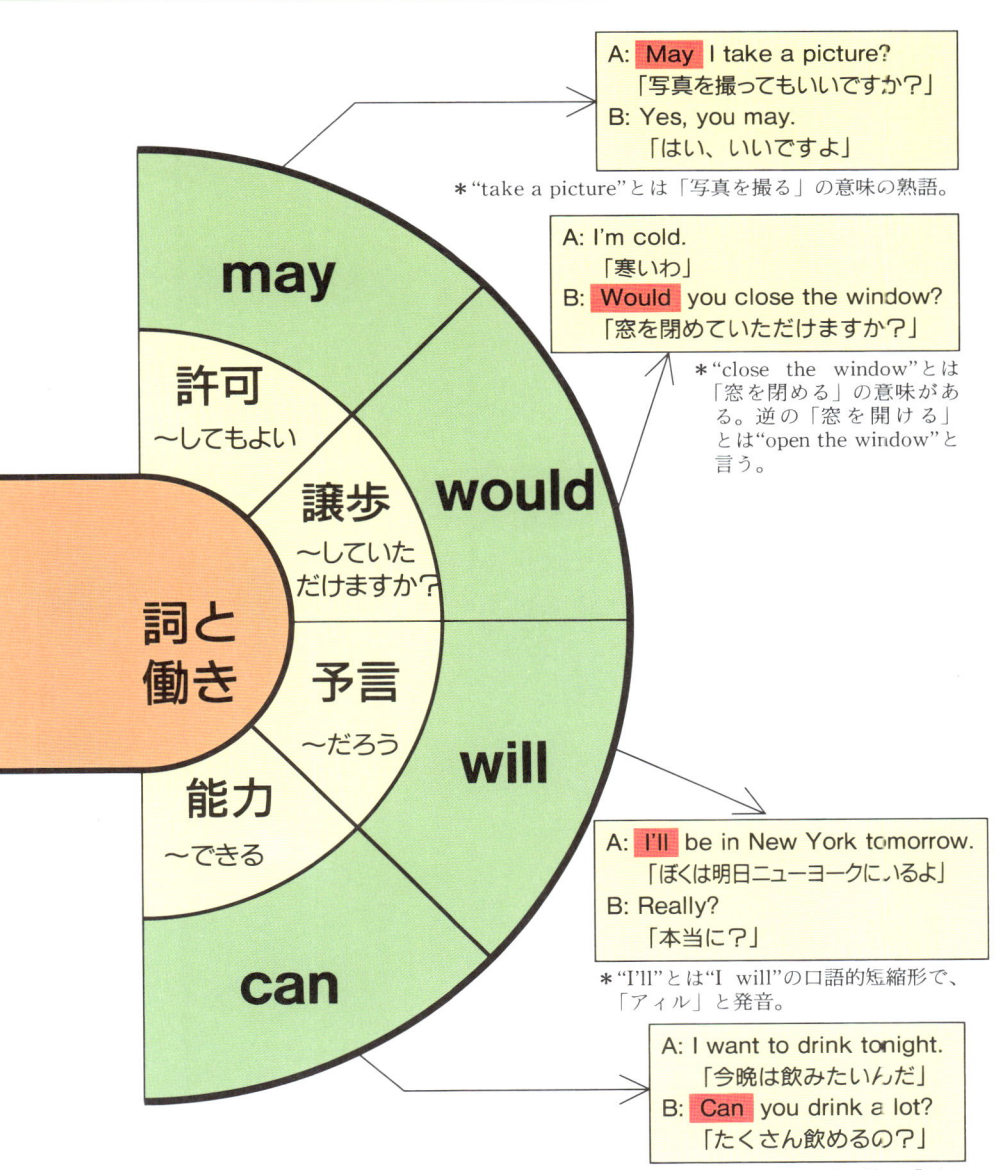

A: <mark>May</mark> I take a picture?
　「写真を撮ってもいいですか？」
B: Yes, you may.
　「はい、いいですよ」

＊"take a picture"とは「写真を撮る」の意味の熟語。

A: I'm cold.
　「寒いわ」
B: <mark>Would</mark> you close the window?
　「窓を閉めていただけますか？」

＊"close the window"とは「窓を閉める」の意味がある。逆の「窓を開ける」とは"open the window"と言う。

may

許可
～してもよい

譲歩
～していただけますか？

would

詞と働き

予言
～だろう

will

能力
～できる

can

A: <mark>I'll</mark> be in New York tomorrow.
　「ぼくは明日ニューヨークにいるよ」
B: Really?
　「本当に？」

＊"I'll"とは"I will"の口語的短縮形で、「アィル」と発音。

A: I want to drink tonight.
　「今晩は飲みたいんだ」
B: <mark>Can</mark> you drink a lot?
　「たくさん飲めるの？」

＊"drink"は「液体を飲む」ことを言うが、日本語同様に「酒を飲む」ことも意味する。"a lot"は「たくさん」を表現する。

QUIZ 4

助動詞の練習

かっこ内に当てはまる単語を入れて、文を完成させてください。

(a) I (　) like some water.
「水が欲しいのですが」

(b) He (　) speak English.
「彼は英語を話すことができません」

(c) I (　) work tomorrow.
「私は明日働かないつもりです」

(d) (　) you swim?
「あなたは泳ぐことができますか？」

(e) You (　) go now.
「君は今行かなくてはならない」

(f) A: (　) I take a picture?
「写真を撮ってもいいですか？」
B: Yes, you may.
「はい、いいですよ」

(g) A: (　) we go?
「行きましょうか？」
B: Yes, let's.
「うん、そうしよう」

正解　(a) would (b) can't (c) won't (will not) (d) can (e) must (f) May (g) Shall

やさしくステップ 5

これは便利！
［現在完了、比較・最上級、受け身、前置詞］

復習

現在完了は思ったよりやさしい
―― 過去と現在をつなぐ現在完了

　今まで復習してきました、現在・過去・未来を表す文の次に、現在完了をここでみていきましょう。日本語にこの現在完了にあたるぴったりとした表現がないために理解するのはなかなかむずかしいようです。英語ではよく使われ、大切な表現方法となっています。

a) Spring has come.（春が来た）　　　　【継続】

　この has　come、つまり「have または has＋過去分詞」の形が現在完了形なのです。この文のくわしい意味は、「春が今より前に来ていて、現在もなおかつ春である」ことを表現しているのです。

注: come「来る」の過去形は came、過去分詞は come

b) Spring came.（春が来た）

c) It is spring now.（今、春である）

　この b) と c) の表現の意味を両方とも含んだ表現が、a) の現在完了形の文となるわけです。

　このように過去のことと、それが現在にもおよぶ内容をこの現在完了で言い表せるため、次のような4つの場合が、現在完了には考えられます。

① 完了 ………あることが今までに完了した。
② 結果 ………過去のできごとの結果生じた現在状態
③ 継続 ………あることが今まで継続している
④ 経験 ………今までの経験

上にあった a) の文は、継続を表現しています。

a) Spring has come.「春が来た」の表す世界

winter「冬」　　spring「春」

過去 ←―――――――――――――――→ 未来

ある過去　　　　　　現在
b) Spring came.　　c) It is spring now.
「春が来た」　　　　「今、春である」

a) Spring has come.
「春が来た」

→時間の流れ

Lesson 1 アメリカへ行ったことはある？
現在完了の作り方

（学校の図書館で）

Jill: Have you been to America?

Ichiro: No, not yet.

Jill: Are you planning to visit America?

Ichiro: Yes, I may visit my sister this summer.

Jill: That would be great.

単語熟語

yet＝まだ（〜しない）
*No, not yet で「いいえ、まだです」という意味。文に書き直すと No, I haven't been to America yet. となります。

plan＝計画する
　　〜する案を立てる
may＝〜かもしれない
visit＝訪問する、訪れる

訳
ジル：アメリカに行ったことある？
一朗：いや、まだないけど。
ジル：アメリカに行く予定はあるの？
一朗：うん、今年の夏に姉を訪問するかもしれないんだ。
ジル：それはいいわね。

Lesson 1

> ## Have you been to America?
> 「アメリカに行ったことがある？」

現在完了形は「have（または has）＋過去分詞」で作れる。

　　　現在完了形とは、have（または has）＋過去分詞でしたね。been とは be の過去分詞で、have とともに be 動詞の完了形を作ります。特に上の文にあるように、have been to〜で、「〜へ行ったことがある」と、経験を意味しています。

例1）
　　A: Have you ever been to New York?
　　　（あなたはニューヨークへ行ったことがありますか？）
　　B: Yes, I have.（はい、あります）

注: ever とはこのような現在完了の文によって使われ、「今まで」を意味します。

例2）
　　A: Have you been to any foreign countries?
　　　（あなたは外国に行ったことはありますか？）
　　B: Yes, I've been to France, Germany, and Italy.
　　　（はい、私はフランス、ドイツ、イタリアに行ったことがあります）

注:「I've」は、「I have」の口語的短縮形

> ## That would be great.
> 「それはいいわね」

このまま暗記しよう！

　　　この表現はこのままフレーズとして覚えておくといいですね。日常会話でよく使われます。発音のほうでは would をあまり強く言わずに「**ザット　ウッド　ビ　グレィト**」と言えば、英語らしくなります。

文型表14 現在完了のルールをマスターしよう

A　現在完了 ｛ 平叙文「〜は UFO を見たことがある」
　　　　　　否定文「〜は UFO を見たことがない」｝

I　　（私は） You　（あなたは） We　（私たちは） They（彼らは）	've have（ことがある）	seen a UFO. （UFO を見た）
	haven't（have not） 　　　（ことがない）	
He　（彼は） She　（彼女は）	's has（ことがある）	
	hasn't（has not） 　　　（ことがない）	

現在完了は日本語にはない

「現在完了」とはどんな文を意味するのでしょうか？いま 完了 したことを表わしたり、動作の結果がいま続いていること、つまり 結果 、 継続 、または今までの 経験 を表わす場合に使われる表現方法です。問題は日本人の感性の中に存在しないという点でしょう。ここで単なる過去形の文とどのような違いがあるのかを、P.127の図で学んでおきましょう。

B 現在完了の疑問文　「〜は UFO を見たことがありますか？」

Have （ことがありますか？）	**I**　（私は） **you**　（あなたは） **we**　（私たちは） **they**　（彼らは）	**seen a UFO?** （UFO を見た）
Has （ことがありますか？）	**he**　（彼は） **she**　（彼女は）	

C 現在完了の応答文　{「はい、見たことがあります」
「いいえ、見たことがありません」}

Yes,（はい）	**I**　（私は） **you**　（あなたは）	**have.** （見たことがあります）
No,（いいえ）	**we**　（私たちは） **they**　（彼らは）	**haven't.** （見たことがありません）
Yes,（はい）	**he**　（彼は） **she**　（彼女は）	**has.** （見たことがあります）
No,（いいえ）		**hasn't.** （見たことがありません）

文型表15 現在完了で話してみよう

　何かの経験があるかどうかきいてみましょう。食べ物、飲み物について食べたこと、飲んだことがあるか、または、あるものを体験したことがあるのかを、たずねてみる表現を覚えやすいようにここでまとめておきました。

A　現在完了の疑問文　経験

A:

Have you ever*「あなたは今までに」	tried	dark beer?「黒ビールを飲んだことはある？」
	tried	African food?「アフリカ料理は食べたことある？」
	tried	sake?「日本酒を飲んだことはある？」
	tried	sukiyaki?「すきやきを食べたことある？」
	tried	yoga?「ヨガを試したことある？」
	been	to a rock concert?「ロックのコンサートに行ったことある？」
	read	Shakespeare?「シェイクスピアを読んだことある？」
	made	your own beer?「自分でビールを作ったことある？」
＊"ever"は、疑問文で「今までに」を表現します	run	in a marathon?「マラソンで走ったことある？」

↑ここの列には**動詞の過去分詞**がきます。

B 現在完了の応答文 —— Yes の場合

B: **Yes, I have.** 「うん、あるよ」
A: **How was it?** 「どうだった？」
B: **It was** | **fun.** 「楽しかった」
　　　　　　 | **great.** 「すばらしかった」
　　　　　　 | **okay.** 「よかった」
　　　　　　 | **interesting.** 「興味深かった」

C 現在完了の応答文 —— No の場合

B: **No, I haven't.** 「いや、ないよ」

または、

B: **No, but I'd like to.** 「いや、ないよ。でも試してみたいなあ」

注: I'd like to....とは、I would like to....を短縮して言ったもので、丁寧に「できたら〜したい」を表現します。I want to....よりも丁寧な表現です。

復習 これでバッチリ。比較級と最上級
——「より〜」「最も〜」を表現する

ここでは一方が高い、低い、安い、上手だなどと比較する表現を会話に使ってみます。

それぞれ形容詞または副詞によって少し表現方法が異なります。

		比較級
一般に短い単語	形容詞 または + **er** 副詞	（例） ・taller（より背が高い） ・younger（より若い）
一般に長い単語	**more** + 形容詞 または 副詞	（例） ・more beautiful（より美しい） ・more famous（より有名な）

これ以外に不規則に変化をして比較級・最上級を表現する言葉もあります。

	原 形	比較級
不規則に変化する単語	good（よい） well（よく）	**better**（よりよい） （例）This book is better. （この本のほうがいい）
	many（多く） much（多くの）	**more**（もっと多く） （例）He has more money. （彼はもっとお金を持っている）

次に「一番〜だ」、「最も〜だ」という最上級の表現は、
the＋形容詞／副詞に est をつけるか、the＋形容詞／副詞の前に most をつけて表現します。

	最上級	
	the ＋ 形容詞または副詞 ＋ est	（例） ・the tallest（最も背が高い） ・the youngest（最も若い）
	the ＋ most ＋ 形容詞または副詞	（例） ・the most beautiful 　　　（一番きれいな） ・the most famous 　　　（一番有名な）

	最上級
	the ＋ best （一番よい） （例）This book is the best. 　　　（この本が一番よい）
	the ＋ most （最も多く） （例）He has the most money. 　　　（彼は最も多くのお金を持っている）

Lesson 2 あなたが一番背が高い

比較級と最上級の作り方

(放課後)

Joe: Let's play basketball.
Tim: Okay, let's.
Joe: Tim, you should be on my team because you are the tallest.
Tim: I think John is taller than me.
Joe: I know, but you're the better player.

単語熟語

basketball＝バスケットボール
＊この単語だけですと、「バスケットボールというゲーム」か「バスケットボールのボール」のことを言っているのかはっきりしません。ゲームを指すときは最初の「バ」の音を強く長く言ってください。
play basketball で「バスケットボールをする」を表現します。
team＝チーム
＊発音は「ティーム」となります

訳

ジョー：バスケットボールをしようよ。
ティム：うん、しよう。
ジョー：ティム、君は一番背が高いからぼくのチームに入ってくれ。
ティム：でもジョンの方が僕より背が高いよ。
ジョー：わかっているよ、でも君の方が上手だからね。

Lesson 2

> この表現だけは押さえよう

You should be on my team.
「君は僕のチームに入るべきだよ」

義務「〜すべきである」を表現する —— should

助動詞の should、ここでは「〜すべきである。〜した方がよい」と義務を表現をしています。「君は僕のチームに入るべきだ」という気持ちから、「君は僕のチームに入ってくれ」を言い表しています。

You are the tallest.
「君は一番背が高い」

the＋形容詞＋est で最上級

the＋形容詞 tall「背が高い」＋est で「最も背が高い」が表現されています。

例題　次の2つの文から答えましょう。

①John is taller than Tim.「ジョンはティムより背が高い」
②Tim is taller than Joe.「ティムはジョーより背が高い」

Q: Who is the tallest?「一番背が高いの誰？」

①から　　　　　②から
　John　Tim　　Tim　Joe　　　だから、

A: John is the tallest of the three.「ジョンが3人の中で一番高い」

You are the better player.
「君のほうが上手だ」

比較級をマスターしよう

背の一番高いジョンに比べて、君 (Tim) のほうが上手なので good「よい」の比較級である better「よりよい」が使われています。You are better than John.「君はジョンよりうまい」とも表現が可能。

復習 受け身「～される」を理解しよう
―― 主語と目的語が逆転

①ネコがネズミをつかまえる。
②ネズミがネコにつかまる。

　①と②はまったく同じ意味ですが、表現方法は全くちがいます。①の主語は「ネコ」で、②の主語は「ネズミ」です。加えて、①の動詞「つかまえる」はネコのする動作ですし、②の動詞「つかまる」はネズミのされる動作です。

　①の文のように「～する」で表される文を能動態の文と言い、②の文の「～される」で表される文を受け身または受動態の文と呼ばれています。

　みなさんが復習してきたのは、能動態の文です。ここでは、受動態を復習しましょう。受動態の文とは、

　　主語　＋　be 動詞　＋　動詞の過去分詞　です。

　動詞の過去分詞は普通、英和辞典の最後の部分に「不規則動詞活用表」として出ていますので参考にしてください。
上の①と②の文を英語にすると…

①能動態: Cats　catch　mice .　「ネコがネズミをつかまえる」

②受動態: Mice　are caught　by cats .　「ネズミがネコにつかまる」

となります。

注: caught は catch「つかまえる」の過去分詞
　　cats は cat「ネコ」の複数形
　　mice は mouse「ネズミ」の複数形

　②にある「by」とは受け身の文によく使われるもので、「〜によって」を表現します。

また、時制は be 動詞の形によって表されます。

現在形: Mice are caught by cats.「ネズミがネコにつかまる」
過去形: Mice were caught by cats.「ネズミがネコにつかまった」
未来形: Mice will be caught by cats.
　　　　　　　　　　　「ネズミはネコにつかまるでしょう」

Lesson 3 彼女はみんなに好かれている
会話に出てくる受け身表現

（メリーのまわりには多くの人が集まっています。）

A: Who is she?

B: Her name is Mary. She is our boss.

A: Well, she must be a popular person.

B: Yes, she is. She is loved by everyone.

単語熟語

boss＝上司
＊女性にも用い、日本語で言う、「ボス」のような悪いニュアンスを持っていません。

well＝まあ、えっ、おや
＊驚き、疑問の気持ちなどを、会話で軽いつなぎの言葉として使われるます。

must＝〜にちがいない
※助動詞のページで復習すること。

popular＝人気のある

person＝人

訳
A：彼女は誰なの？
B：彼女はメリーといってぼくたちの上司だよ。
A：まあ、彼女って人気のある人なのね。
B：うん、そうだね。彼女、みんなに好かれているよ。

Lesson 3

> この表現だけは押さえよう

Who is she?
「彼女は誰なの？」

who を使った文をマスターしよう

　　こういった who を使った、「～は誰？」の文がすぐに使えるようにしておきましょう。ドアがノックされ、相手が誰だか全くわからないときは、Who is it?「だあれ？」と表現します。

Who（誰）	**am**（ですか）	**I**（私は）	**?**
	are（ですか）	**you**（あなたは） **they**（彼らは）	
	is（ですか）	**he**（彼は） **she**（彼女は）	

She is loved by everyone.
「彼女、みんなに好かれているのよ」

〈be 動詞＋過去分詞〉で受け身の表現

　　受け身「～される、～られる」は「主語＋be 動詞＋過去分詞」の形をとります。上の文の直訳は「彼女はみんなによって愛されている」。
　　さて、ここで上の文を能動態に言いかえてみましょう。

受動態: **She** is loved **by everyone** .
（～される）　　　　　　　　「彼女はみんなに愛されている」
能動態: **Everyone** loves **her** .　　「みんな彼女を愛している」
（～する）

復習 見て理解する前置詞
―― 前置詞を使って広がる英会話の世界

　文の中で場所・手段・方向性・条件などを付け加えて修飾するまたは説明するのが前置詞です。前置詞は、日本語の助詞「が」「を」「に」などに当たります。

　ここに主な前置詞をあげておきます。

前置詞	イメージ図	例文
in (〜に、〜の中に)		Are you in this photo? 「あなたはこの写真に入っていますか?」
on (〜の上に)		Let's sit on the carpet. 「じゅうたんの上に腰を下ろしましょう」
under (〜の下に)		I see a dog under the bridge. 「橋の下に犬が見える」
behind (〜の後ろに)		Don't stand behind the car. 「車の後ろには立つな」

前　置　詞	イメージ図	例　　　文
beside （〜のそばに）		My house is **beside** the river. 「私の家は川のそばにあります」
next to （〜のとなりに）		He lives **next to** us. 「彼は私たちのとなりに住んでいる」
in front of （〜の前に）		I sit **in front of** my boss 「私は私の上司の前に座わる」
between （〜の間に）		I often eat **between** meals. 「私はよく間食をする」
at （〜に、〜の所で）		I bought it **at** the store. 「ぼくはそれを店で買った」
above （〜の上に、〜より上に）		I flew **above** the clouds. 「私は雲の上を飛んだ」

前置詞	イメージ図	例文
below (〜の下に、 〜より下に)		I flew below the clouds. 「私は雲の下を飛んだ」
into (〜の中に、 〜の中へ)		Come into my house. 「私の家に入りなさい」
out of (〜外へ、〜の 外に)		He ran out of the house. 「彼は家から走り出てきた」
up (上へ、高い 方へ)		Go up the hill. 「丘の上に登りなさい」
down (下へ、低い 方へ)		The sun is going down. 「太陽が沈もうとしている」
along (〜を通って、 〜に沿って)		Drive along the river. 「川沿いに運転しなさい」

前　置　詞	イメージ図	例　　　文
across （〜を横切って、〜を横断して）		She went across the street. 「彼女は道を横断した」
to （〜の方へ、〜に、）		We go to the stop sign. 「私たちは一時停止の所へ行く」
from （〜から、〜から離れて）		We leave from the stop sign. 「私たちは一時停止の所から去る」
around （〜の周りをぐるって回って、〜の周りに）		We jog around the park. 「私たちは公園の周りをジョギングする」
through （〜を通して、〜を突き抜けて）		He drives through town. 「彼は車を運転して町を通り抜ける」 注：town には定冠詞 the をつけないのが普通です。

前 置 詞	イメージ図	例　　　文
past （～のそばを通り過ぎて、～を過ぎた所に）		We walked **past** the church. 「私たちは歩いて教会を通り過ぎた」
over （～の上に、～の上方に）		We walk **over** the bridge. 「私たちは橋を歩いて渡る」
inside （中に、内側で）		He stayed **inside** the house. 「彼は家の中にいた」
outside （外に、外側で）		Let's play **outside.** 「外で遊ぼうよ」
forward （前方へ、先に）		Go **forward.** 「前進しろ」
backward （後方に、逆に）		Go **backward.** 「後進しろ」

前 置 詞	イメージ図	例　　文
toward* （〜の方に、〜に向かって）		Go toward the window. 「窓の方へ行け」
	*to は到着することを表現しますが、toward は単に方向を示すだけで、到着するニュアンスはありません。	

文型表16 質問・提案への答え方を覚えよう

A 「Yes」の場合

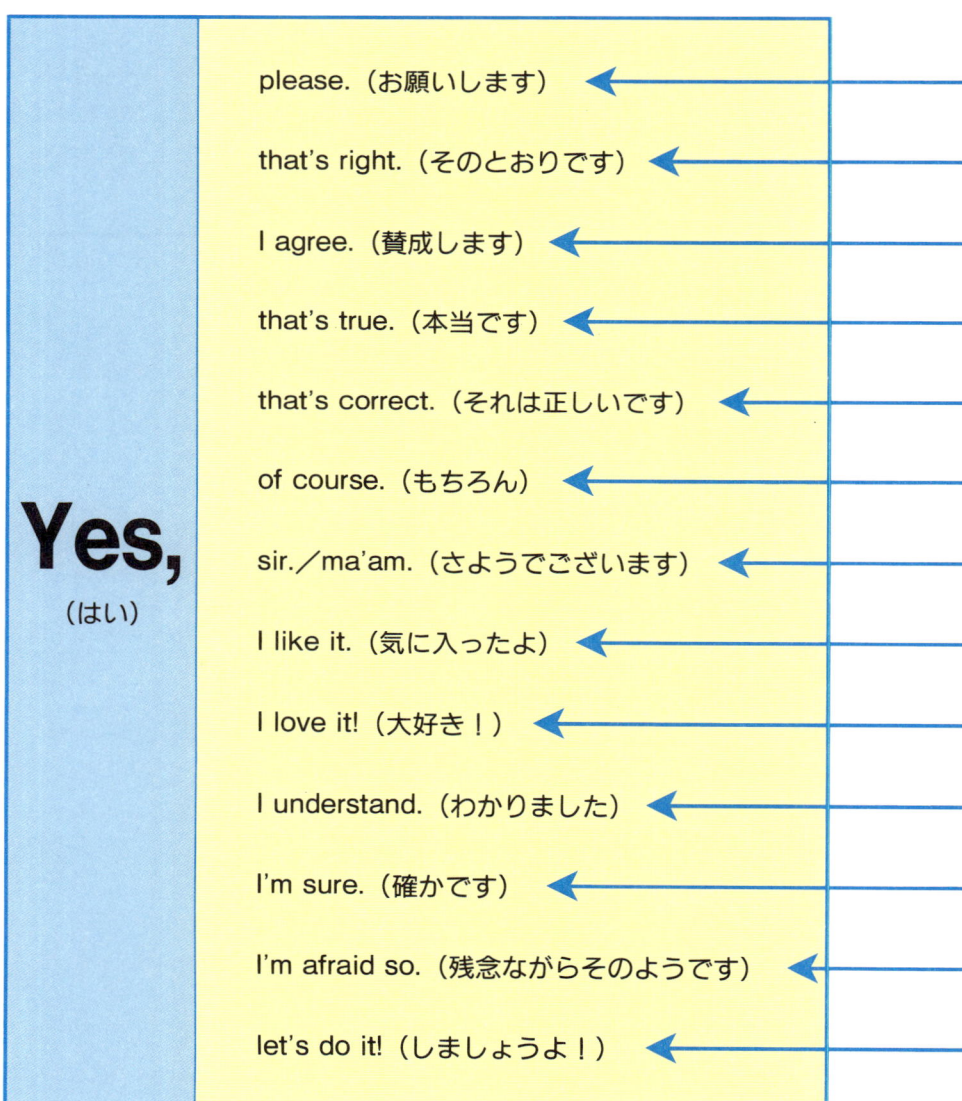

Yes, (はい)

- please. (お願いします)
- that's right. (そのとおりです)
- I agree. (賛成します)
- that's true. (本当です)
- that's correct. (それは正しいです)
- of course. (もちろん)
- sir./ma'am. (さようでございます)
- I like it. (気に入ったよ)
- I love it! (大好き！)
- I understand. (わかりました)
- I'm sure. (確かです)
- I'm afraid so. (残念ながらそのようです)
- let's do it! (しましょうよ！)

図 「No」の場合

No,
（いいえ）

→ thank you.（けっこうです）

→ that's wrong.（ちがいます）

→ I disagree.（同意しません）

→ that isn't true.（本当ではありません）

→ that isn't correct.（それは正しくないです）

→ of course not.（とんでもないですよ）

→ sir.／ma'am.（そんなことはございません）

→ I don't like it.（気に入らないよ）

→ I hate it!（大嫌い！）

→ I don't understand.（わかりません）

→ I'm not sure.（確かではありません）

→ I'm afraid not.（残念ながらそうではないようです）

→ let's not.（やめときましょうよ）

QUIZ 5

現在完了・比較・受け身・前置詞の練習

1. かっこ内に当てはまる単語を入れて、文を完成させてください。

   (a) Spring (　) come.
   「春が来た」

   (b) Have you (　) to America?
   「アメリカに行ったことある？」

   (c) This book is the (　).
   「この本が一番いい」

   (d) You are the (　) player.
   「君のほうが上手だ」

   (e) She is (　) by everyone.
   「彼女はみんなに愛されている」

   (f) Drive (　) the river.
   「川沿いに運転しなさい」

   (g) I see a dog (　) the bridge.
   「橋の下に犬が見える」

   (h) Go (　) the hill.
   「丘の上に登りなさい」

正解 (a) has (b) been (c) best (d) better (e) loved (f) along (g) under (h) up

やさしくステップ 6

センテンスとセンテンスを
つなげて会話！

Review Your Junior High English And Speak It Fluently

Lesson 1 何で頭痛なの？

Why でたずねて、Because で答える

（昼休みに）

A: Mary, you look tired.
B: I have a headache.
A: Why do you have a headache?
B: Because my boss shouted at me.
A: Why?
B: Because I was late for work.

単語熟語
look＝（顔つき・様子から）～に見える　tired＝疲れた
headache＝頭痛　head（頭）＋ache（痛み）
＊同様に、腹痛は、stomachache＝stomach（腹）＋ache
歯痛は、toothache＝tooth（歯）＋ache となります。
boss＝上司
shout＝怒鳴る
shout at～＝～（人）に対して怒鳴る
be late for～＝～に遅れる

訳
A：メリー、疲れてるみたいだね。
B：頭痛がしてね。
A：何で頭痛なの？
B：上司に怒鳴られちゃって。
A：またどうして？
B：遅刻しちゃったからなの。

Lesson 1

この表現だけは押さえよう

Why do you have a headache?
「何で頭痛なの？」

理由を聞くときは、「why」を使おう

why を使った疑問文の場合もこれまでに出てきた what（何）や、where（どこ）などと同じで、疑問文の頭に why をつけてできあがりです。

A) 一般動詞の場合

疑問文： Do you have a headache?
（あなたは頭痛がするのですか？）

疑問詞： Why do you have a headache?
（なぜ、あなたは頭痛がするのですか？）

B) be 動詞の場合

疑問文： Are you happy?（あなたは幸せですか？）

疑問詞： Why are you happy?（なぜ、あなたは幸せなのですか？）

Because my boss shouted at me.
「上司に怒鳴られちゃって」

「Why...?」と聞かれたら、「Because....」と答えよう

理由を言うときも簡単です。平叙文の頭にBecauseをつければいいのです。

a) Why do you have a headache?に答える場合

平叙文:　　　　My boss shouted at me.
　　　　　　　　↓
　　　　　　　　　（私の上司は私に対して怒鳴った）
応答文: Because my boss shouted at me.
　　　　　（なぜなら、私の上司は私に対して怒鳴ったからだ）

b) Why are you happy?に答える場合

平叙文:　　　　I am with my family.
　　　　　　　　↓
　　　　　　　　　　　　　（私は家族と一緒です）
応答文: Because I am with my family.
　　　　　　（なぜなら、私は家族と一緒だからです）

becauseとsoの違い

両方とも「だから」というような意味を持つ点では同じですが、becauseの使い方とsoの使い方は違います。

becauseの場合

He is happy because he is with his family.
（彼は家族と一緒だから幸せです）

soの場合

He is with his family, so he is happy.
（彼は家族と一緒です。だから、彼は幸せです）

becauseの場合は、〈結果 because 理由〉であるのに対し、soの場合は〈理由 so 結果〉になっていますね。

コラム

home と house の違い

英語で「家」を表す言葉は、home と house がありますが、この2つの言葉はニュアンスが異なります。house は「建物としての家」を指すことが多いのに対して、home は「住みか、家庭、くつろぎの場所」という感じがします。

二日酔い

「二日酔い」とは英語にも決まり文句があります。hangover「ハングオゥバー」という言葉です。I have a hangover this morning.で「今朝は二日酔いだよ」という意味になります。

生の魚に気をつかおう

外国人の友人やお客さんを日本料理の店に案内するときは、何か食べられないものはないかよく聞いてから、お店を決めた方がよいでしょう。単に「日本料理は好きですか」と聞けば、相手は礼儀上、「好きです」と答えるかもしれません。しかし、実際には生の魚は苦手にしていることはよくあります。そんなときは、現在完了形を使って Have you tried raw fish?「生の魚を食べたことはありますか」と聞いておけばよいわけです。

Lesson 2 — 目が覚めたら、お医者さんが僕を見つめていた

「～したとき」という意味を表す —— when

（会社の休み時間に）

A: Where were you last night? When I called you, nobody answered the phone.

B: I was in the hospital.

A: What? Why?

B: I drank too much and....
When I woke up, the doctor was looking at me.

単語熟語

- last night＝昨夜
- nobody＝誰も…ない
- phone＝電話
- hospital＝病院
- woke＝wake の過去形
- wake up＝目覚める
- drank＝drink の過去形
- drink＝（酒を）飲む

訳

A：昨日の夜はどこにいたの？ あなたに電話したとき、誰も電話に出なかったわよ。

B：病院にいたんだ。

A：えっ？ どうして？

B：飲みすぎちゃってそれで…目が覚めたら、お医者さんが僕を見つめていたんだ。

この表現だけは押さえよう

Lesson 2

When I woke up, the doctor was looking at me.
「目が覚めたら、お医者さんが僕を見つめていたんだ」

「…したとき」の when

疑問文で「いつ…」とたずねる when についてはすでに学びました。しかし、ここで学ぶのは2つの文をつないで「…したとき」という意味を表す when です。

The doctor was looking at me.（医者は私を見つめていたんだ）
　　　　　　　　＋ when「〜とき」
I woke up.（私は目を覚ました）

上の文が基本的な構造です。この2文のうち、中心になるほうを主節（この場合は The doctor....）、when を頭につけるほう（I woke up）を従節と呼んでいます。

主節と従節は、順序を入れかえても、意味はかわりません。

○　The doctor was looking at me when I woke up.

しかし、文だけの入れかえはできません。

×　I woke up when the doctor was looking at me.
　（お医者さんが私を見つめていたとき、私は目が覚めた）

意味がかわってしまうので、when は従属節をつけたまま、主節と入れかえます。会話文中の When I called....の文も同様です。

　　When I called you, nobody answered the phone.
＝　Nobody answered the phone when I called you.

従節が前にきたら、「, (コンマ)」を忘れずに

when の節を前に置いた場合、主節との間にコンマを打ちます。
When I called you, nobody answered the phone.

Lesson 3 私もそういうの欲しいな

「〜すること」を表現する —— to 不定詞①

（学生時代の友人に会って）
A: This is a beautiful hat! I want to buy it.
B: Do you wear hats often?
A: Yes, I do.
B: I want to buy one, too.

単語熟語

hat＝帽子
＊同じ帽子でも野球帽のような形のものは cap と言います。
buy＝買う　活用 buy―bought―bought
often＝しばしば、よく…する頻度を表します。
sometimes「時々」よりも頻度が高く、always「いつも」より頻度が低い時に使います。sometimes＜often＜always
wear＝（帽子を）かぶる

訳

A：きれいな帽子ね！　これ買いたいな。
B：帽子はよくかぶるの？
A：ええ。
B：私もそういうの買いたいな。

Lesson 3

> この表現だけは押さえよう

I want to buy it.
「これ買いたいな」

to に動詞の原形をつけて作ったものが、to 不定詞

　　　　　　〇to buy　　×to bought　　×to buys

　不定詞にはいくつかの用法があるのですが、ここでは、「名詞的用法」について勉強します。

　to に動詞の原形をつけて、「…すること」という意味を表すことができます。to buy で「買うこと」という意味になります。want はもともと「欲する」という意味。

① I　want　to buy　it.
　（私は　欲する　買うことを　それを）

（私はそれを買うことを欲する）⇒（私はそれを買いたい）

② I want this hat.（私はこの帽子が欲しい）

　②の文における、「帽子を」の部分が「買うことを（to buy）」という語句に変わっただけです。to buy も、a hat と同様に名詞の働きを持っています。

　want と同じ使い方をする動詞は、like「好きである」、need「必要である」などです。

I like to play golf.（私はゴルフをすることが好きです）
I need to go to the office.（私は会社に行くことが必要だ）
つまり、（〜に動詞の原形を入れて）
want to〜　〜したい
like to〜　〜するのが好きだ
need to〜　〜する必要がある　　となります。

Lesson 4

雨が降り始めた
「〜すること」を表現する —— to 不定詞②

(会社の玄関で)

A: What's the matter? You're really wet.
B: Well, I was on my way to the office when it began to rain.
A: Didn't you have an umbrella?
B: No, it was sunny when I left home.

単語熟語

What's the matter? ＝どうしたの？　疑問詞を使った慣用表現です。前に出てきた What's wrong? とほぼ同じ意味で、人が悪い状況にあるようなとき、困った様子のときに使います。

on my way to〜＝〜に行く(来る)途中で　この場合、自分が来る途中にあったので、my が使われています。彼が行く途中だったら、on his way to となります。

umbrella＝傘
begin＝始める
活用 begin-began-begun
leave＝出発する
活用 leave-left-left
sunny＝晴れた、日が照る

訳

A：どうしたんだい？　びしょ濡れじゃないか。
B：雨が降りだしたとき、会社に来る途中だったの。
A：カサは持ってなかったのかい？
B：ええ(持っていなかった)。家を出た時は晴れていたのに。

Lesson 4

> この表現だけは押さえよう

I was on my way to the office when it began to rain.
「雨が降りだしたとき、会社に来る途中だったの」

begin to～＝～しはじめる

P.159で学んだ、want to、like to、need to などと同じです。rain＝雨が降るという意味の動詞なので

It began to rain.（雨が降ることが始まった）→（雨が降り始めた）

この文は過去のことを言っているので、begin という動詞が過去形になっています。過去のことを言うときでも不定詞の部分は変化しません。

It begins to rain.（雨が降り始める）→現在のこと
It began to rain.（雨が降り始めた）→過去のこと

to 不定詞（…すること）は、動詞と名詞の性質を持っています。ですから、to 不定詞は主語にもなります。

To study English is easy.（英語を勉強することは、簡単だ）

It was sunny when I left home.
「家を出たときは晴れていたのに」

天候は it を使って表現

前に時を表わす it について言いましたが、天候を表すにも主語は it を使います。

例）

It began to rain.
It was sunny.（天気が良かった）
It is snowing.（雪が降っている）

時を表す when

　　復習になりますが、見ておきましょう。「いつ」とたずねる when ではなく、これは 2 つの文をつなぐ when でした。

It was sunny when I left home. を

↓

When I left home, it was sunny. としても意味は同じです。

Didn't you have an umbrella?
「カサは持ってなかったのかい？」

「持ってない。」はあくまで No.

　　「傘は持っていなかったの？」と聞かれた場合、日本語では、「うん、持っていなかった」と答えます。しかし、英語では、「持ってない」のだったら、あくまでも、No. で答えます。

Didn't you have an umbrella?（カサは持っていなかったの？）

「いいえ、持っていました」と答える場合、

- ○　Yes, I did.
- ×　No, I did.

「はい、持っていませんでした」と答える場合、

- ○　No, I didn't.
- ×　Yes, I didn't.

注: 英語では Yes と言った場合、否定の not が後ろにつくことはありません。日本語の訳にひっぱられないようにしてください。

> コラム

ヒアリング力をつけるには

　英語のヒアリングの力をつけるには、ただ英語を漠然と聞き流すだけで、力がつくという人もいますが、この方法は効果的ではありません。聞いた内容を少しでも理解しようとしなければ、英語は単なる音として、耳を通過していきます。種類は少なくても、内容を把握した英語を何回も繰り返し聞き、応用できるように練習していく方が、ずっと効果的です。

イントネーション

　英語は音の強弱が中心となっていますが、どこを上げ、どこを下げて言うのかも大変に重要です。声の高さ低さ、調子の上がり下がりをイントネーションといいます。

　平叙文、命令文は普通、下降調で言います。
　It's in my bag.↘（それは私のカバンの中にある）
　疑問文は上昇調を用います。
　Are these pens?↗（これらはペンですか？）
　疑問詞で始まる疑問文は普通、上昇調ではないのですが、優しさや親しみを表すために上昇調になることがあります。
　Where is my key?↗（私のカギはどこ？）

Lesson 5 いろんな人と話すのは楽しいわ

動名詞の使い方

CD-30

（パーティの後に）

A: That was a great party, Mr. and Mrs. Rose. Thank you for inviting me.（お客が帰る）

B: Talking to people is fun. Now, let's start cleaning.

C: Please take out the garbage.

B: Sure.

単語熟語
great 「巨大な、偉大な」という意味がありますが、good を強めたような、「とてもいい」ぐらいの意味でよく使います。
Thank you for～ = ～（してくれて）ありがとう

「ありがとう」の場合は、Thank you. だけでよいのですが、「何に対して」を感謝しているか説明する場合は、Thank you for ....
invite = 招待する
Let's～ = ～しよう
start = 始める
garbage = ゴミ
「ゴミ箱」は garbage can
Sure. = いいよ、そうだよ

訳
A：ローズさん、とても楽しいパーティーでした。お招きありがとうございました。（お客が帰る）
B：いろんな人と話をするのは、楽しいわ。さてと、掃除を始めましょう。
C：ゴミを出してよ。
B：いいわ。

Lesson 5

> ### Talking to people is fun.
> 「いろんなの人と話をするのは楽しいわ」

動詞の原型＋ing で動名詞ができる。訳は「〜すること」

　　　talk＋ing→talking（話すこと）

　　動名詞は、P.159で学んだ to 不定詞（…すること）と同じ意味を表し、動詞でありながら、名詞の性質を持っているのです。

Talking is fun.（話すことは楽しい）＝To talk is fun.

形だけみると「進行形」のところで出てきた「現在分詞」にそっくりです。

　（例）I am talking.「私は話している」

　　しかし、この現在分詞では「…すること」という意味はなく、動名詞と現在分詞は全く違うものです。

Thank you for inviting me.

　（招待してくれたことに対してありがとう）

　　　　　　　　　　　　→（招待してくれてありがとう）

Let's start cleaning.

　（掃除することを始めましょう）→（掃除を始めましょう）

以上も、動名詞です。

動名詞しか後ろにとらない動詞

　上で見たように、to 不定詞と動名詞は「…すること」という同じ意味を表わすので、大体書きかけが可能です。

○　I like to play golf.＝I like playing golf.
（私はゴルフをするのが好きです）

○　She began to sing.＝She began singing.（彼女は歌い始めた）
しかし、後に動名詞しかとらない動詞もあります。

・　enjoy ──┬─ ○　I enjoyed playing golf.
　（楽しむ）　│　　（私はゴルフをするのを楽しんだ）
　　　　　　└─ ×　I enjoyed to play golf.

・　finish ──┬─ ○　I finished eating lunch.
　（終える）　│　　（私は朝食を食べ終わった）
　　　　　　└─ ×　I finished to eat lunch.

コラム

Where? When? How? を連発すると…

　日本人が外国人と話すとき、どうしても会話というよりも、インタビューになりがちです。
　Where are you from?「出身地はどこですか」
　When did you come to Japan?「いつ日本に来たのですか」
　How old are you?「いくつですか」
　Are you married?「結婚していますか」
　上のような質問を次々にしてしまうからです。初対面の人と話すときは、場合によってはこれらの質問を避けるとこは難しいかもしれません。
　しかし、うまく会話を続けるためには、一方的に質問するばかりでなく相手の言ったことに興味を示し、相手が話を続けたくなるようにしむける努力が必要です。

Lesson 6

席は残っていますか

同じ意味でも使い分ける —— some, any

(劇場のチケット売り場で)

A: Good morning.

B: Good morning. How can I help you?

A: I want some tickets for Tuesday night. Are there any seats left?

B: No, I'm very sorry. Every seat is reserved.

単語熟語

How can I help you?＝いらっしゃいませ、何かご用ですか。慣用表現としてこのまま覚えましょう。May I help you?とともに、店の店員、窓口の係員などがよく使う表現です。

ticket＝入場券、切符・席　seat＝席、シート　leave＝残す　前に、「去る、出発する」という意味で覚えましたが、leaveには残すというような意味もあります。活用も復習しておきましょう。leave—left—left　今さら、と思うかもしれませんが、曜日を全て正しく覚えていますか。復習しておきましょう。

Sunday／日
Monday／月
Tuesday／火
Wednesday／水
Thursday／木
Friday／金
Saturday／土

訳

A：おはようございます。
B：おはようございます。いらっしゃいませ。
A：火曜の夜の席をいくつかとりたいのですが。
　　席は残っていますか。
B：申し訳ございません。残っておりません。
　　席は全て予約されてしまっております。

Lesson 6

> この表現だけは押さえよう

I want some tickets for Tuesday night.
「火曜の夜の席をいくつかとりたいのですが」

some は平叙文で使う

some「いくつか」「いくらか」という意味で平叙文に使います。「1個、2個」などと断定しないで、物の数を表します。

数を表す: I want some apples.（いくつかリンゴが欲しい）

量を表す: I want some water.（ちょっと水が欲しい）

数えられる名詞にも数えられない名詞にも使います。

any は疑問文、否定文で使う

any は疑問文で使うと、「いくらか」「いくつか」、否定文で使うと、「全く…ない」「1つも…ない」という意味になります。

疑問文→Are there any seats left?

（席は残っていますか？）

否定文→No, there aren't any seats left.

（いいえ、席は1つも残っていません）

seats left で「残っている席」

ここで使われている leave が「残す」という意味であることは、〈語句〉で学びました。では、どうして、「残っている席」という意味を表すのに、leave の形が left にならなくてはいけないのでしょうか。

これは、Seats are left.（席は残されています）という受動態の文の be 動詞が省略されたと考えればよいのです。

Seats leave. では、（席は残す）となり、意味がわかりません。

Lesson 7 どこにもないんだ

覚えよう！　some-, any-, no-のついた単語

（ゴチャゴチャした部屋の中で）

A: What are you looking for?

B: My pen. It's somewhere in this room.

A: Have you looked everywhere?

B: Yes, but I can't find it anywhere.

単語熟語
look for＝探す
find＝見つける

訳
A：何探してるの？
B：僕のペンなんだ。この部屋のどこかにあるはずなんだけど。
A：(部屋中) 全部探した？
B：うん、でもどこにもないんだ。

Lesson 7

この表現だけは押さえよう

It's somewhere in this room.
「この部屋のどこかにあるはずなんだけど」

somewhere＝どこか

　　P.169で習った some「いくらか、いくつか」を覚えていますか。some は主に平叙文に使いました。ですから some に-where がついた形の somewhere も同様に使います。

I can't find it anywhere.
「どこにも（見つから）ないんだ」

anywhere は否定文、疑問文で使う

　　否定文で使って not～anywhere「どこにも～ない」、疑問文で使って anywhere「どこか」を意味します。

　any「いくらか、いくつか」を否定文、疑問文で使うことはすでに学びましたね。any に-where がついても使い方は同じなのです。

例）A: Did you go anywhere on Sunday?
　　B: No, I didn't go anywhere.

訳）A: 日曜はどこか行った？
　　B: ううん、どこにも行かなかった。

Have you looked everywhere?
「全部探した？」

everywhere＝どこにでも、至る所に

　　every「すべての」＋where「場所」で、「どこでも」になります。some-、any-、every-のほか、no-がつく単語もあります。どれも便利な単語なので、まとめて覚えましょう。

	場所	人	物
some	somewhere どこか	someone somebody 誰か	something 何か
any	anywhere どこか	anyone anybody 誰か	anything 何か
no	nowhere どこにも…ない	no one nobody 誰も…ない	nothing 何も…ない
not...any	not...anywhere どこにも…ない	not...anyone not...anybody 誰も…ない	not...anything 何も…ない
every	everywhere どこにでも	everyone everybody みんな、全員	everything 何でも

(例)

　{ A: Is there <u>anyone</u> in the next room?
　 B: No, there is <u>nobody</u>. Everybody has gone <u>somewhere</u>.

　{ A: 隣の部屋に誰かいるの？
　 B: いいえ、誰もいません。みんなどこかへ行ってしまいました。

注： 前に every や every- のつく単語は単数扱いをすることを学びましたが、例文中の No, there <u>is</u> nobody でわかるように、no- のつく単語も単数扱いです。

コラム

あ〜、カンチガイ
電話を借りるとき
　電話を借りるときは、borrow「借りる」ではなく、use「使う」を使って、May I use your phone?「あなたの電話を使ってもいいですか」とたずねます。borrowを使うと、電話をどこか遠くまで持っていってしまう感じがします。

ギャラは英語？
　タレントの報酬を「ギャラ」といったりしますね。これはguarantee「保証」を意味する言葉です。アメリカで「ギャラ」といっても通用しません。英語で報酬を表現するならば、payと言います。

太っていても「スマート」
　日本語では、スラリとしたスタイルのことを「スマート」と表現します。ところが、英語のsmartは「頭がよい」という意味なのです。英語で「スラリとしている」と表現する単語はslenderです。

Lesson 8

彼は大英博物館に行ったと言っていたわ

文と文をつなげる —— that

(学校の昼休みに)

A: I got a letter from Mark yesterday.
B: Really? How is he?
A: He said that he visited the British Museum.

単語熟語

Really?＝本当？　相手の言葉にあいづちを打つ時の表現です。非常に驚いた時にも使います。
How is he?＝彼はどうしているの？、彼は元気？
visit＝訪問する、訪れる
the British Museum＝大英博物館

訳
A：昨日マークから手紙をもらったわ。
B：本当？　彼、どうしているの？
A：彼は大英博物館に行ったと言っていたわ。

Lesson 8

> この表現だけは押さえよう

He said that he visited the British Museum.
「彼は大英博物館に行ったと言ってたわ」

文と文は that でつなぐ

上の文を2つに分けると、"He said"と"he visited"以下の文に分かれます。これらが、that によってつながっています。

> He said ＋ he visited the British Museum.
> 　　　　that

that は省略することもできます。He said の部分を主節、that 以下の部分を従節といいます。

that 節をよく従える動詞

上で出てきた動詞 say のほか、tell ＋ （人）、know もよく that 節を従えます。

> I tell my wife that Jim works very hard.
> 　　　　　　　　（私は妻に、ジムはよく働くと言う）
> I tell my wife ＋ Jim works very hard.
> 　　　　　　that

> I know he is famous*. （私は彼が有名だと知っている）
> I know ＋ he is famous.
> 　　　　　　　　　＊（that）が省略されている

時制の一致

上の例文で、tell→told、know→knew と過去形にしたらどうなるでしょうか。

> ① I tell my wife that Jim works very hard.
>
> ② I told my wife that Jim worked very hard.

訳① 私は妻にジムはよく働くと話す。
　② 私は妻にジムはよく働いたと話した。

> ③ I know he is famous.
>
> ④ I knew he was famous.

訳③ 私は、彼は有名であると知っている。
　④ 私は、彼が有名だったと知っていた。

このように、主節の動詞が過去形になると、従節の動詞もそれに合わせて過去形になります。

> ⑤ He said, "The party is great."
>
> ⑥ He said that the party was great.

訳⑤ 彼は「パーティーはとても楽しい」と言った。
　⑥ 彼はパーティーはとても楽しかったと言った。

上の2つの文は意味はほとんど同じですが、⑤の文は時制の一致をせず、⑥は時制の一致をするという違いがあります。

> コラム

便利な表現　Excuse me.

　知らない人に道をたずねるときに、最初に Excuse me.と声をかけます。また、席を外したり、道をあけてもらったりするときに使えば、「ちょっと失礼」「ちょっとすいません」といったニュアンスをもった言葉になります。失礼なことをして謝るときに使えば、「ごめんなさい、失礼いたしました、すみません」の意味になります。また、文末に？をつけると、「もう一度おっしゃってください」といった意味にもなります。

every, each, all の使い分け方

　英語を教える立場にいると、上の3つの単語の使い分けができない人が、かなり多いことに気がつきます。こういうときは図で説明するのが一番わかりやすいでしょう。

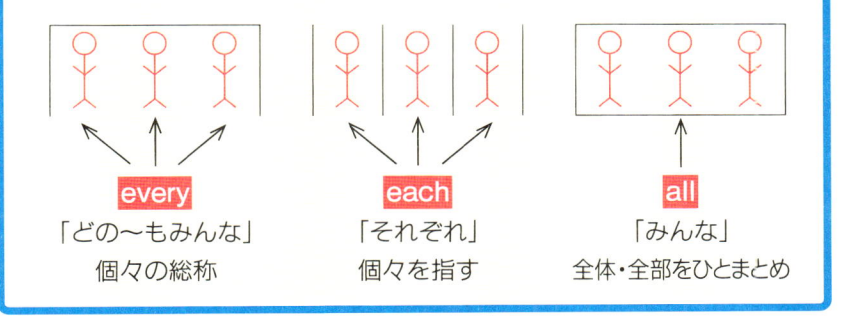

every	each	all
「どの〜もみんな」	「それぞれ」	「みんな」
個々の総称	個々を指す	全体・全部をひとまとめ

文型表 17

How を使って会話しよう①

"how" には「どんな方法で、どの程度、どれほど」などの意味があります。この "how" を文頭に置いて、いろいろな質問ができます。

1) **How much**（いくらですか？）	
2) **How tall**（どのくらいの高さですか？）	
3) **How heavy**（どのくらいの重さですか？）	
4) **How old**（何年くらいたっていますか？）	
5) **How thick**（どのくらいの厚さがありますか？）	
6) **How deep**（どのくらいの深さがありますか？）	
7) **How high**（どのくらいの高さですか？） ＊ **"tall"** よりも高い物に使う	
8) **How wide**（どのくらいの幅ですか？）	
9) **How long**（どのくらいの長さですか？）	**is it?** （それは）
10) **How big**（どのくらいの大きさですか？）	
11) **How small**（どのくらい小さいのですか？）	
12) **How far**（どのくらい遠いのですか？）	
13) **How strong**（どのくらい強いですか？）	
14) **How weak**（どのくらい弱いのですか？）	
15) **How close**（どのくらい近いのですか？）	
16) **How fast**（どのくらい速いのですか？）	
17) **How hot**（どのくらい熱いのですか？）	
18) **How cold**（どのくらい冷たいのですか？）	
19) **How easy**（どのくらいやさしいのですか？）	

左にある表現がすぐに使えるようにしておきましょう。
　4）の"How old is it?"は"it"と、「物」を聞く代わりに、たとえば、"Tom"と「人の名前」を入れて、"How old is Tom?"「トムはいくつなの？」と、人の年齢を聞く文にもできます。
（例）
$\begin{cases} \text{A: How old is Tom?「トムはいくつなの？」} \\ \text{B: He's forty-one.「41才だよ」} \end{cases}$

$\begin{cases} \text{A: How long is the bridge?} \\ \qquad\text{「その橋はどのくらいの長さがありますか？」} \\ \text{B: It's about 200 meters long.} \\ \qquad\text{「200メートルくらいあります」} \end{cases}$

$\begin{cases} \text{A: How big is the company?} \\ \qquad\text{「その会社はどのくらい大きいの？」} \\ \text{B: It's the biggest company in New York.} \\ \qquad\text{「ニューヨークで一番大きいんだ」} \end{cases}$

$\begin{cases} \text{A: How far is it to Chicago?} \\ \qquad\text{「シカゴまではどのくらいあるのですか？」} \\ \text{B: Chicago is 20 miles away.} \\ \qquad\text{「シカゴまで20マイルあります」} \end{cases}$

文型表18 Howを使って会話しよう②

oftenという言葉には、「たびたび、しばしば」の意味があります。How often〜?で、「何回〜?」という表現になります。

How often do you play golf?

直訳は「どれだけよくゴルフをするんですか」ですが、つまり、「ゴルフよくするんですか」となります。

下に例文をあげておきますので覚えてしまいましょう。

疑問文

How often do you （ニュアンスとして） 「どのくらいよく…？」	**drink coffee at night?** 「夜にコーヒーはよく飲みますか？」 **swim in August?** 「8月にはよく泳ぐのですか？」 **eat lunch at home?** 「昼食は家でよく食べるのですか？」 **get up at 6:00 a.m?** 「朝6時にはよく起きるのですか？」

How often〜?の疑問文に対する、答えは次のような副詞を使って答えます。

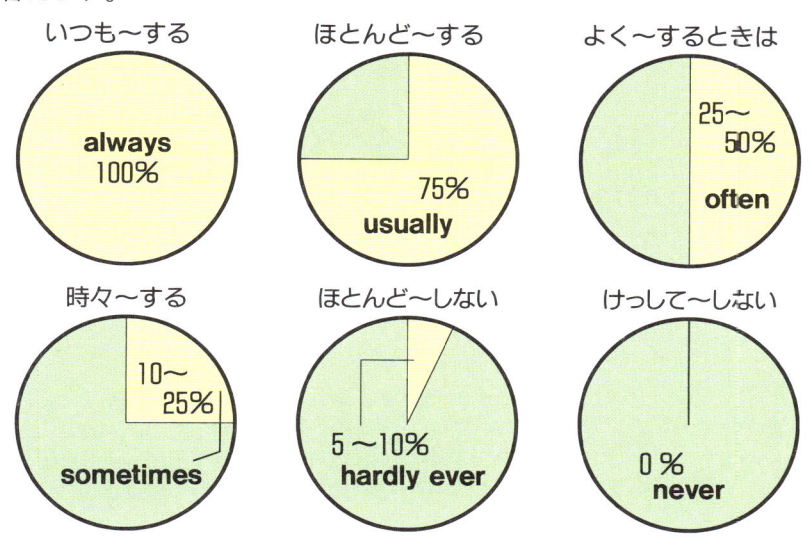

	いつも〜する	ほとんど〜する	よく〜するときは
	always 100%	usually 75%	often 25〜50%
	時々〜する	ほとんど〜しない	けっして〜しない
	sometimes 10〜25%	hardly ever 5〜10%	never 0%

応答文

I「私は」	always「いつも」	drink coffee at night.「夜にコーヒーを〜飲みます」
	usually「普通」	
	often「よく」	
	sometimes「時々」	
	hardly ever「ほとんど」 never「全く」	drink coffee at night.「夜にコーヒーは〜飲みません」

QUIZ 6

いろいろな表現の練習

1. （　）に下の日本語の意味になるようにあてはまる言葉を入れましょう。

   (a) (　　) do you study English?
   なぜ英語を勉強するのですか。
   (　　) I want to go to the U.S.A.
   アメリカに行きたいからです。

   (b) She enjoys (　　) tennis.
   彼女はテニスをするのを楽しみます。

   (c) Do you have (　　) books about Japan?
   日本についての本をいくつか持っていますか。
   Yes, I have (　　).
   ええ、いくつか持っています。

2. 2文を that でつなげて、1文にしましょう。

   (a) I know it.（私はそれを知っている）
   He is a good baseball player.
   （彼は野球が上手だ）

   _____

   （私は彼が野球が上手なことを知っている）

   (b) She told me.（彼女は私に話した）
   Her mother was fine.
   （彼女のお母さんは元気だった）

   _____

   （彼女は彼女のお母さんは元気だったと私に言った）

正解

1. (a) Why / Because (b) playing (c) any, some
2. (a) I know that he is a good baseball player.
   (b) She told me that her mother was fine.

やさしくステップ 7

さあ、日常会話を
してみよう！

Review Your Junior High English And Speak It Fluently

Lesson 1 メッセージを残してください

ていねいな依頼 —— could

（留守番電話）
Machine: Hello. We cannot take your call right now.
Could you please leave a message?
Thanks for calling.

単語熟語

take your call＝あなたの電話にでる
＊take a call「電話にでる」で使われることが多いです。

right now＝たった今
＊「right」はもともと「適切な」とか「正しい」という意味です。ここでは「now」とセットで「たった今」「ちょうど今」という意味として覚えてしまいましょう。

leave a message＝メッセージを残す
＊leaveは「残す」「そのままにしておく」「出発する」などの様々な意味があります。

訳

電話機：もしもし。ただ今電話に出ることができません。
メッセージを残してください。
お電話ありがとうございました。

Lesson 1

この表現だけは押さえよう

> ## We cannot take your call right now.
> 「ただ今電話に出ることができません」

can を使った否定文

can はその後に動詞の原型がきて「～することができる」でしたね。だから cannot では「～することができない」となります。

> ## Could you please leave a message?
> 「メッセージを残してください」

could は can の過去形

Can you～は「～してくれますか」という依頼の表現として使いました。Could you～はここでは、「過去の依頼」という意味ではなく、「～していただけませんか」というように、より「丁寧な依頼」の表現になっています。

覚えよう！　よく使う電話の表現

(a) call＋人＋back＝（その人に）かけなおす
　（例）Please call me back later.（あとでかけ直してください）

(b) Who's calling?＝どちらさまでしょうか？

(c) hold on＝（受話器を切らずに）待つ
　　↔ hang up＝（受話器を）切る
　（例）Hold on, please.（少々お待ちください）

(d) He is out now.＝彼は今外出中です。
　　out＝外に

Lesson 2

次の角を左に曲がってください

「場所」を表現する —— at, on

（道に迷ってしまって）

A: Excuse me. I'm lost. Can you help me?

B: Sure. Where do you want to go?

A: Shibuya Station.

B: OK. Turn left at the next corner. It's on the right.

A: Thank you.

B: You're welcome.

単語熟語

I'm lost.＝（道に）迷っちゃったんです。
＊これはbe動詞＋過去分詞で「受け身」の形をとっていますが、これで一つの表現として覚えましょう。

turn＝曲がる　You're＝You are
＊「You're」は「You are」の口語的短縮形で、「ユア」と発音されます。

訳

A：すみません。道に迷ったんですが。助けてくれませんか。
B：いいですよ。どこへ行きたいんですか。
A：渋谷駅です。
B：それなら、次の角を左に曲がってください。駅は右側にあります。
A：教えてくれてどうもありがとう。
B：どういたしまして。

Lesson 2

Where do you want to go?

「どこへ行きたいんですか？」

「want to 動詞の原型」＝〜したい

　「want to 動詞の原型」で「〜したい」という表現をP.159で習いましたね。

I want to go to Shibuya.

この文章の意味は「私は渋谷に行きたい」になります。この「渋谷」という行き先をたずねる場合、where をつかって疑問文にすることができます。

Where do you want to go?（あなたはどこに行きたいの？）

注: 口語では、この want to が wanna になります。発音は「ワナ」。

Turn left at the next corner.
「次の角を左に曲がってください」

at の使い方を身につけよう！

　　　前置詞はひとつひとつの例によって細かく異なってくるので、それぞれ注意して見ていくようにしましょう。

　at the next corner　「次の角のところを」

「at」はもともと「〜ところで」の意味で用いられます。特に、場所・位置、範囲の狭い1点を表すときに使います。「in」との使い分けに特に注意したいものです。

　（例）I play baseball at school.（私は学校で野球をする）

It's on the right.
「右側にあります」

on の使い方を身につけよう！

　　on the right　「右側に」

「on」はさまざまな使われ方がありますが、「物との接触」を表すことが多いのです。この場合も、「右側に接して、面して」の意味あいが含まれているのです。

　　on の使用法をあげてみましょう。

　（例）The book is on the desk.（本は机の上にあります）

at と on の違いを知ろう！

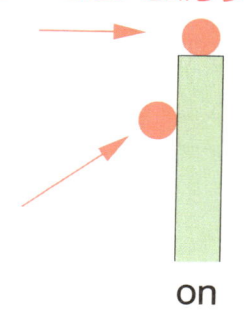

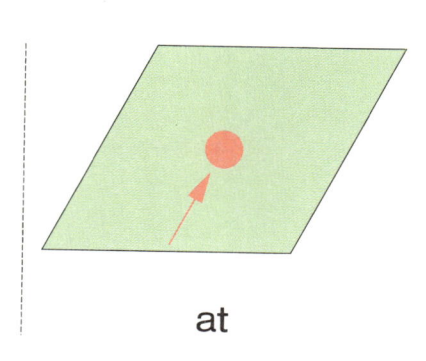

on　　　　　　　　　　　　　at

コラム

トイレのたずね方

　海外へ行くと、きっと1度は「お手洗いはどこですか」とたずねることがあるでしょう。また、日本で、外国人から聞かれることもあるかもしれません。そんなときは、Where is a bathroom?といえばよいのです。

道を教えてもらうとき

　アメリカで道をたずねると、block「ブロック、区画」という言葉を耳にします。これは「曲がり角から、次の曲がり角までの距離」のことを言います。英米の町は、基盤の目のように縦横に通りが走っています。そのために、道をたずねると block という言葉を頻繁に聞くのです。

わからないことは、聞き返す

　外国人から道順を聞かれた場合、英語に自信がなくても何とかする方法があります。理解できた言葉だけをそのまま聞き直すのです。例えば、I am trying to get to the ABC Hotel.と言われて、ABC Hotel だけしか聞き取れなかったとします。そんなときは、ABC Hotel?と聞き返せば、次の話につなげるわけです。

文型表19 道案内をしてみよう①

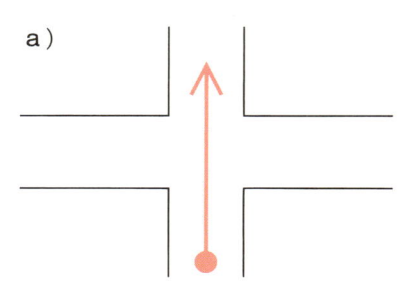

a)

1) Go straight. 「まっすぐに行く」
2) Go straight along this street.
   「この道に沿ってまっすぐに行く」
3) Go straight ahead.
   「先をまっすぐに行く」

b)

You'll see it on your left.
「左手に見えてきます」

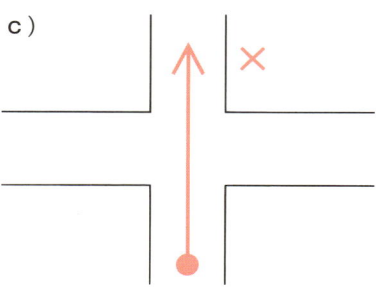

c)

Go past ×.
「×を通り過ぎる」

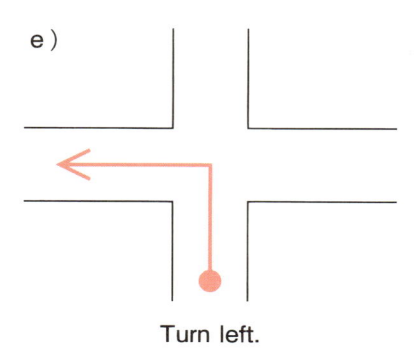

d)

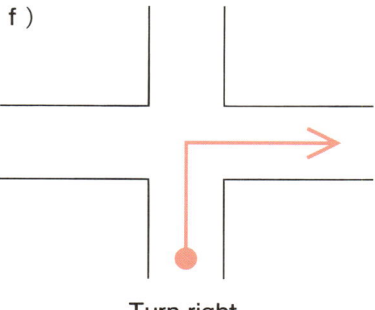

Go through the intersection.
「交差点を通ってまっすぐに行く」

e)

Turn left.
「左に曲がる」

f)

Turn right.
「右に曲がる」

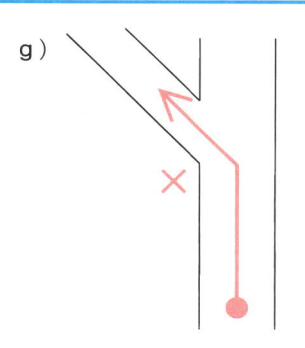

g) Turn left at ×.
「×のところで左に曲がる」

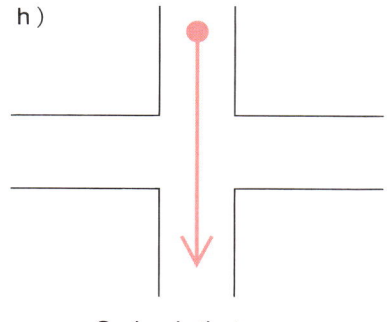

h) Go back that way.
「(もどって) 後ろに行く」

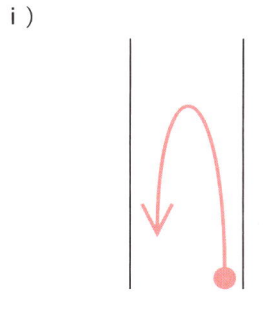

i)
1) Turn around.「向きを変える」
2) Make a U-turn.「Uターンする」

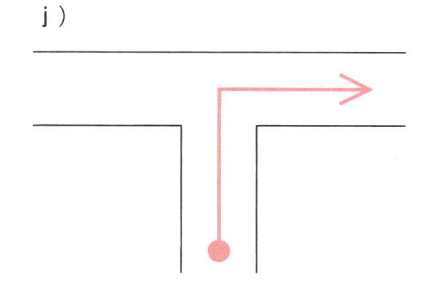

j) Turn right at the T.
「つきあたりを右に曲がる」

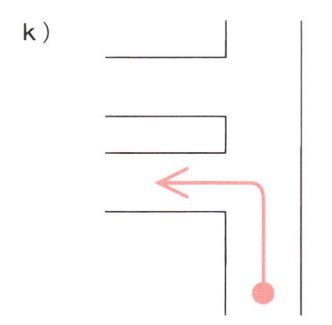

k) Take the first left.
「最初の道を左に曲がる」

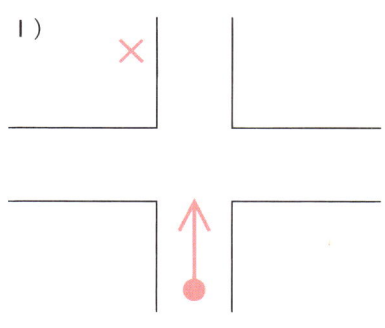

l) × is on the second block on the left.
「×は2つめのブロックの左側」

文型表20 道案内をしてみよう②

m)

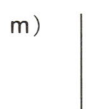

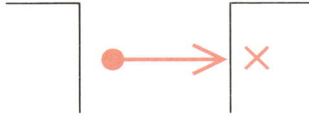

1) On the right.「右側に」
2) On your right.「右側に」

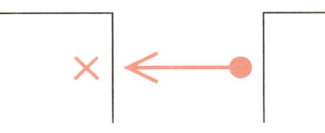

n)

1) On the left.「左側に」
2) On your left.「左側に」

o)

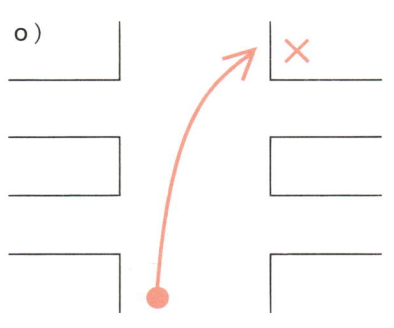

On the far right corner.
「遠くにある右側の角」

p)

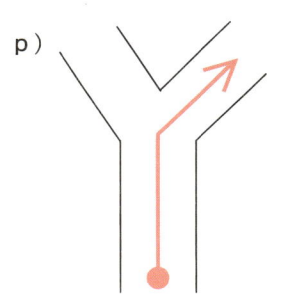

1) Veer to the right.
 「ななめ右に曲がる」
2) Bear right.「ななめ右に曲がる」

q)

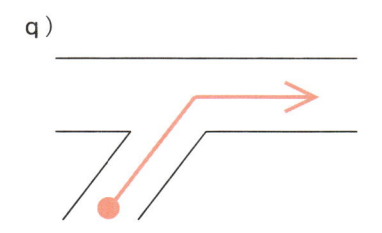

You'll come to a junction.*
Turn right.「合流点に来て右に曲がる」
＊"junction"とは「川・道などの合流点、交差点」を意味します。

r)

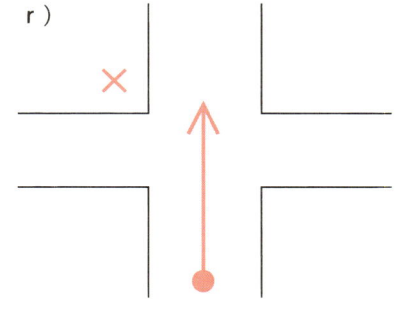

× is on the corner.
「×は角にある」

s)

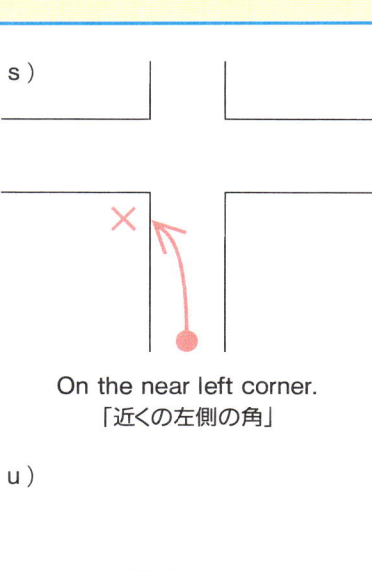

On the near left corner.
「近くの左側の角」

t)

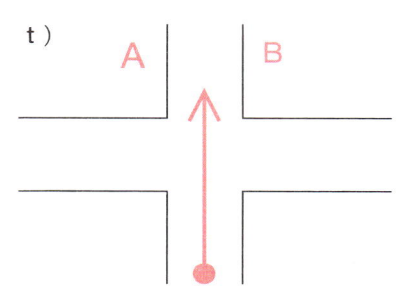

A is across from B.
「A は B の反対側にある」
＊"across from～."で「～の反対側に」を表現

u)

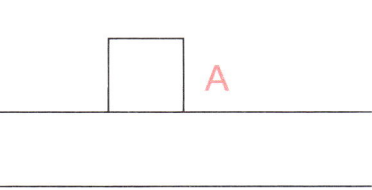

It's next to A.
「それは A のとなり」

v)

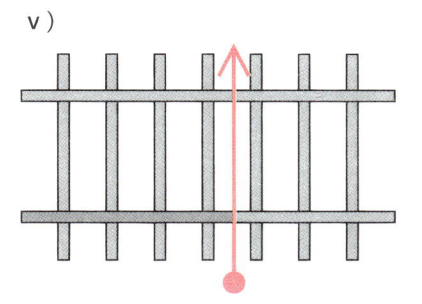

Cross the tracks
「踏切(鉄道線路)を渡る」

w)

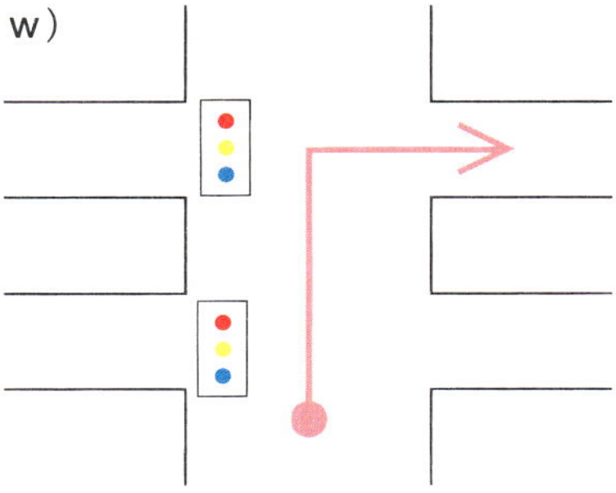

At the second light, turn right.
「2 つめの信号を右に曲がる」

x)

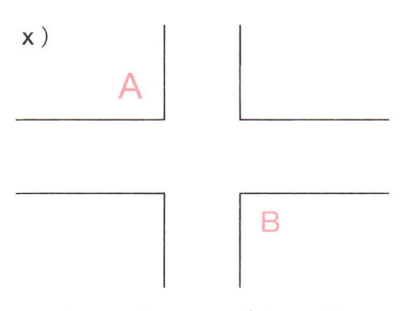

A is catty-corner* from B.
「A は B の(対角線上の)反対側の角にある」
＊catty-corner は kitty-corner とも言う。

Lesson 3 土曜の6時から

「時」を表す —— on, at

（学校の昼休みに）

A: Julia, do you want to go to a concert? It's on Saturday at six.

B: I want to, but I have to finish a report.

A: How about the next weekend?

B: I'm free then.

A: Great.

B: OK. See you next Saturday.

単語熟語
concert＝コンサート　finish a report＝レポートを仕上げる
How about～？＝～はどうですか？　～はいかがですか？
weekend＝週末

訳
A：ジュリア、コンサートに行きたいと思わない？　土曜の6時から。
B：行きたいんだけど、レポート仕上げなきゃ。
A：次の週末はどう？
B：いいわ、そのときなら。
A：やったね。
B：ええ。それじゃあ、来週の土曜日にね。

Lesson 3

> ## It's on Saturday at six.
> 「土曜の6時から」

時を表す前置詞をマスターしよう

　　ここでは主に時を表す表現と、そのときに用いる前置詞を勉強します。「on」は曜日を表す場合に使い、「at」は時間を表す場合に使います。P.188で述べたことと関連しますが、「on」は比較的広い範囲、「at」は狭い範囲に用いられます。

　また、次の2つの文章を「前置詞」という点で見くらべてみましょう。

１）See you on Saturday.（土曜日に会いましょう）
２）See you next Saturday.（次の土曜日に会いましょう）

　２）の文では前置詞がなくなっていることに注意しましょう。これは、形容詞の next が使われているためなのです。次の例文も見てみましょう。

I saw you last Saturday.（この前の土曜日にお会いしましたね）
形容詞の last が使われているために、前置詞がないのです。

> ## I'm free then.
> 「そのときならいいです」

free＝ヒマで、手が空いて

　　この場合の free は「無料の」という意味ではなく、「暇で、手が空いて」を表現しています。また then は「その時には」を意味しています。

Lesson 4

つけてみていい？

「許可」を求める助動詞 ── may

(ジュエリーショップで)
A:(店員が声をかける)

How is this necklace?

B: It's too loud.

(別のネックレスを手にとって)

I've always wanted a necklace like this. May I try this on?

A: Sure. Let me help you.

単語熟語 loud=「うるさい」という意味の他に、ここでは「けばけばしい、派手な」の意。

like=〜のような　＊動詞「好きである」と混合しないこと。
(例)
I like coffee.（コーヒーが好きです）
I want to buy a watch like yours.（君がしてるような時計を買いたいんだ）
yours=あなたのもの

訳
A：このネックレス、いかがですか。
B：派手すぎるわね。（別のネックレスを手にとって）
　　ずっとこんなネックレスがほしかったのよ。つけてみていい？
A：どうぞ。お手伝いいたしましょう。

Lesson 4

> この表現だけは押さえよう

I've always wanted a necklace like this.
「ずっとこんなネックレスがほしかったのよ」

〈I've〉は〈I have〉の短縮形

現在完了の継続用法「ずっと〜したかった」の表現として使われています。

May I try this on?
「つけてみていい？」

May I〜？＝〜してもいいですか？

助動詞 may、can、must などがあり、意味はそれぞれは「〜してもいい」「〜できる」「〜しなければならない」でしたね。ここでは、may が使われていますが、どの助動詞にも共通の原則「助動詞の後ろは動詞の原形」をつねに忘れないように。

You <u>may</u> go shopping today.

（おまえ、今日は買い物行ってきていいぞ）

＊go shopping＝買い物に行く

これを疑問文にすると、助動詞 may が一番前に出てきます。それ以外の語順はかわりません。

<u>May</u> I go shopping today?

（今日、お買い物してきていいかな？）

また、この may は「許可」を得るための言葉ですから、疑問文では必然的に I といっしょに用いることになるので、May　I〜？でひとまとめに覚えてしまいましょう。

try〜on＝〜を試着する

（例）May I <u>try</u> that hat <u>on</u>?

（その帽子、かぶってみていいかな）

2）Try the jacket on.

（そのジャケットは着てみてごらん。）

このように、try～on は、試着といっても衣服に限ったものではありません。日本語では帽子は「かぶる」、靴や靴下は「はく」指輪は「はめる」、ネックレスは「つける」、メガネは「かける」ですが、英語ではすべて try～on で表されるのです。

コラム

握手のときのマナー　その1
　初対面の人が出会ったとき、欧米では挨拶をしながら、握手をするのが普通です。しかし、握手にもマナーがあります。男性と女性が握手する際には、女性が先に手を出します。男性は女性が手を差し出すまで、待てばよいわけです。男性が先に手を差し出すのは、失礼にあたり、恥をかくことにもなりかねません。ちなみに、女性が手を差し出さなかったときは、お互いに会釈をします。

握手のときのマナー　その2
　日本人は挨拶のときに、お辞儀をする習慣があります。握手する際に、つい腰を曲げてしまいます。しかし、欧米ではきっちり相手の目を見て、相手の手を握るのが礼儀です。ペコペコと腰を曲げるのは、格好が良くないです。決して体格のよいとはいえない日本人がますます小さく見えます。胸を張って握手しましょう。

タバコを吸うときのマナー
　日本でも禁煙・喫煙について関心が高まってきましたが、アメリカに比べればまだまだです。アメリカでは公共の場での禁煙は当たり前。レストランなどで、喫煙席がなくても、不思議なことではありません。くわえタバコをしながら歩いたり、食堂でタバコを吸ったりするのは、外国人の目には無作法に映ります。

Lesson 5

おもしろそうだね

会話に出てくる —— sound＋形容詞

CD-38

（学生時代の友人と会って）

A: Hi! I haven't seen you for a long time.
How have you been?
B: Pretty good. How about you?
A: Well,
I've been writing a book.
B: That sounds interesting.
What kind of book?
A: A book about my family.

単語熟語

kind＝種類
＊「kind」は「親切な」という形容詞としてよく使いますが、この場合は名詞で「種類」という意味で使われていますね。
What kind of～＝どんな種類の～　about＝～について

訳

A：やあ。しばらくだね。どうしてたの？
B：元気だったよ。きみはどうしてたの？
A：それが、本を書いているんだよ。
B：おもしろそうだね。どんな本？
A：私の家族についてなんだ。

Lesson 5

この表現だけは押さえよう

I haven't seen you for a long time.
「しばらくだね」

現在完了の復習をしよう

これはP.197でおさらいした〈現在完了〉の継続用法の否定形で、「ずっと〜していなかった」という意味。上の文は直訳すると「ずっと会っていなかった」、意訳して「しばらくだね」になります。スラングで Long time no see. とも言います。

How have you been?
「どうしてたの？」

〈How are you?〉の完了形は〈How have you been?〉

これも現在完了の継続用法の一つですね。現在形で、「今」元気なのかを問う場合は、

How are you?（元気？）

を使いましたね。それでは、「今」だけでなく「ずっと今まで」どうしていたか（元気だったか）を問う場合は

How have you been?（どうしてた？）

を用いることになります。久しぶりに会った人との会話でよく出てくる表現なので覚えておきましょう。

That sounds interesting.

「おもしろそうだね」

〈sound＋形容詞〉＝～のように聞こえる、～そうだ

　　soundの後ろに形容詞が入ることに注意。直訳すると「おもしろく聞こえる」ですが、「おもしろそうだ」という意味になります。この表現はよく出てくるので覚えておきましょう。

（例）A: I went to see a movie about Chaplin's life.
　　　　　（チャップリンの一生についての映画に行ったよ）
　　　B: That sounds fun.（おもしろそうだね）

「interesting」と「fun」は両方「おもしろい」と訳していますが、前者は「興味深い」、後者は「楽しい、興奮する」の意味が含まれているので使い分けるようにしましょう。

　この「sound」と同様に、後ろに形容詞を伴う動詞をいくつか紹介してみます。

（例）a) You look happy. What happened?
　　　　　（うれしそうだね。どうしたの？）
　　　b) This tastes so good. How did you cook it?
　　　　　（これとてもおいしいね。どうやって作ったの？）

> コラム

和製英語と英語こんなにちがう

ペンション

　日本語の「ペンション」はフランス語からきた言葉であり、家庭的な宿泊施設を意味します。英語にも pension という単語はありますが、「年金」という意味です。

サイダー

　日本語のサイダーというと、あの甘い炭酸水を指しますが、アメリカではリンゴ果汁のことを指すのが普通です。

カンニング

　日本語では、試験のときの不正行為を「カンニング」と言います。英語では、cunning というと「ずるがしこい」という意味になっています。日本語の「カンニング」は、英語で何というのか知っていますか？　試験での不正行為は cheating と言います。

マンション

　日本人の言う「マンション」は、英語では mansion とつづりますが、意味は全くちがいます。「豪邸」とか「大邸宅」のことを意味します。

CM

　アメリカではこの日本でいう、CM は一般的に使われていません。英語では、単に commercial というのです。

文型表21 look, feel etc.＋形容詞に慣れよう

A 「それはいいですね」（単数形）

It（それは）	looks（見た感じが） feels（さわった感じが） tastes（食べた味が） sounds（聞いた感じが） smells（においが）	good.（いいですね）

B 「それらはいいですね」（複数形）

They（それらは）	look（見た感じが） feel（さわった感じが） taste（食べた味が） sound（聞いた音が） smell（においが）	nice.（いいですね）

＊AとBはいろいろな状況で使える、便利な表現です。たとえばかっこいい車を見て、"It looks good!"と言えば、「かっこいい！」と訳せます。また、さわりごこちのよい毛布をさわって、"It feels good!"と言うと、「この毛布気持ちいい！」と訳せます。おいしいカレーライスを食べて、"It tastes good!"と言えば「おいしい！」と訳せます。新しいステレオの音を聞いて、"It sounds good!"と言えば、「音がいいね！」と訳せます。お母さんが何かいいにおいのする料理をしているので"It smells good!"と言えば、「おいしそうないいにおいがするよ！」と訳せます。話している物が複数でしたらBが使われます。また"good"の代わりに"nice"と言っても意味はほとんど同じことを表現します。ぜひ覚えて、すぐに使えるようにしておきましょう。

Lesson 6

お医者さんへ行くつもりだ

未来の予定を表す —— be going to ＋動詞の原型

（学校へ向かう途中で）
A: Let's go swimming this afternoon.
B: I'm sorry, but I'm going to see my doctor today.
A: Are you sick?
B: Well, I have a cold.
A: That's too bad.

単語熟語

go swimming ＝泳ぎに行く
＊「go」の後ろに動詞＋ing で「〜しに行く」という語句として使えます。この「swim」（泳ぐ）の場合、m を重ね swimming となることに注意しましょう。

（例）go shopping（買い物に行く）　go fishing（釣りに行く）
doctor＝医者、先生　sick＝病気の、病気になりそうで
have a cold＝カゼをひいている

訳
A：今日の午後泳ぎに行こうよ。
B：残念だけど、今日お医者さんのところへ行くことになっているんだ。
A：気分がよくないの？
B：ええ、カゼをひいちゃってね。
A：それはいけないわね。

Lesson 6

> この表現だけは押さえよう

I'm sorry, but I'm going to see my doctor today.
「残念だけど、今日お医者さんのところへ行くことになっているんだ」

I'm sorry, but～＝悪いけど～

この表現は、ただ断るにしてもていねいな表現になります。

A: Shall we go to a concert tonight?
（今晩、コンサートに行かない？）
B: I'm sorry, but I have to stay home tonight.
（悪いけど、今晩は家にいなくちゃ）

be going to＋動詞の原形＝～するつもりだ

これは「未来の予定」を表す表現として、すでに勉強しましたね。復習してみましょう。

A: I am going to travel to Europe next month.
（来月ヨーロッパへ旅行するつもりなんだ）
B: Really? I am going there, too.
（本当？　僕も行くんだけど）
A: Maybe we can see each other there.
（じゃあ、向こうで会えるかもね）

＊each other＝お互いに

I have a cold.
「かぜをひいちゃってね」

have a cold＝かぜをひく

〈a〉をつけるのを忘れないようにしましょう。ほかにも体調の悪いときに使う表現をいくつか紹介するので一緒に覚えましょう。

have a headache（頭痛がする）
have a fever（熱のある）
have a sore throat（喉が痛い）

Lesson 7 何をしているんですか？

職業をたずねる What do you do?

（友人の友人と知り合って）
A: What do you do, Julia?
B: I study law in college.
A: Are you going to be a lawyer?
B: Yes.
A: That's wonderful.
B: What about you?
A: I'm a high school teacher.

単語熟語
law＝法律、so＝では、それじゃ、さて
＊相手や自分の言ったこと、あるいは会話の場面を受けて、その結論や要約を述べるときに用いる。

lawyer＝弁護士　That's～＝それは～（that is の省略形）

＊That's は That is の省略形だが、相手の言ったことに対して「それは～ですね」と表現するときに、この That's.... が使われる。

wonderful＝すばらしい、すてきな、驚くべき

訳
A：ジュリア、職業は何してるの？
B：大学で法律の勉強しているの。
A：じゃあ、弁護士になるの？
B：ええ。
A：すごいね。
B：あなたは？
A：僕は高校の教師をしているんだ。

Lesson 7

この表現だけは押さえよう

What do you do?
「（職業は）何しているの？」

職業をたずねる〈What do you do?〉

　　　直訳すれば「あなたは何をするのですか」となりますね。でも、これは相手の職業をたずねる決まり文句です。

① 2人称　What do you do? —— I am a student.
② 3人称　What does he do? —— He is a doctor.
③ 複　数　What do they do? —— They are teachers.

訳①「あなたは何をしてるんですか？」「私は学生です」
　②「彼は何をしてるんですか？」「彼は医者です」
　③「彼らは何をしてるんですか？」「彼らは先生です」

What (which) company do you work for?と聞けば、「どこの会社で働いているのですか」と会社名をたずねることになります。work for で「～で働く」。前置詞とセットで覚えて下さい。

What about you?
「あなたは？」

相手の意見・感想を求める〈What about you?〉

　　　「あなたはどうですか」の意味に用いられ、How about you?と言い換えることができます。「提案」や「勧誘」をするとき、または相手の「感想」「意見」を求めるときにも用いられます。

A: I'd like beer. How about you?
　　（ビール飲みたいなあ。君は？）
B: I'll have a cocktail.（私はカクテルにするわ）

A: I like this movie very much. What about you?
　　（私、この映画とても好きだわ。あなたは？）
B: I love it, too.（ぼくも大好きさ）

文型表22

職業をたずねてみよう

　相手の職業をたずねる言い方に、What do you do?「（職業は）何をしているのですか？」があります。その質問に対する答え方を見ていきましょう。

質問　What do you do?「職業は何をしているのですか？」

解答

I'm	a	doctor.　「医者です」 secretary.　「秘書です」 lawyer.　「弁護士です」 salesperson.　「営業マンです」 banker.　「銀行員です」
	an	office worker.*　「会社員です」 accountant.　「会計士です」 engineer.　「エンジニアです」
I work	for	a bank.　「銀行で働いています」 a computer company. 　　「コンピュータ会社で働いています」 my father.　「父の仕事をしています」 NHK.　「NHKで働いています」

＊英語には「OL」つまり"office　lady"とか「サラリーマン」、つまり"salaryman"という言葉はありません。よって、「OL」、「サラリーマン」2つとも英語では"office worker"で表現されます。

I work	in	a department store.　「デパートで働いています」 a restaurant.「レストランで働いています」
	at	a TV station.「テレビ局で働いています」
I		teach English.「英語を教えています」 drive buses.「バスの運転手です」 sell cars.「車の販売をしています」
I run*		a store.「店を経営しています」 a company.「会社経営をしています」 an apartment building.「アパート経営をしています」

＊"run"には「走る」という意味とは別に、ここにあるように、「経営する、管理する」という意味もありますのであわせて覚えていてください。

Lesson 8

君の新しいガールフレンド、どんな感じ？

like「〜のような」の使い方

（会社の昼休みに）
A: What's your new girlfriend like?
B: Well, she's a good cook. She knows how to cook Japanese food.
A: That's terrific.
B: But she's not good at remembering things.
A: Oh yeah?

単語熟語
cook＝コック、料理人　terrific＝すばらしい、すてきな、すごい
＊この「terrific」は「すばらしい」といういい意味で用いる場合と、「ひどい」「大変な」という悪い意味で用いられる場合があります。ここでは友達のガールフレンドをほめているわけですから、よい意味として解釈します。
be good at〜＝〜が得意である　remember＝覚えている、忘れない
＊反対語は「forget」＝「忘れる」　thing＝物事
Oh yeah?＝へーえ、そうかい、よく言うよ　＊不信・驚きの気持ちを表現する。

訳
A：君の新しいガールフレンド、どんな感じ？
B：そうだね…料理をすることは得意だね。日本料理だってできるんだよ。
A：それはすごいね。
B：物覚えは悪いけどね。
A：そうなの？

Lesson 8

> この表現だけは押さえよう

What's your new girlfriend like?
「君の新しいガールフレンド、どんな感じ？」

〈What＋be動詞＋人＋like?〉＝〜はどんな人ですか

　　　likeは「〜のような」という意味だということをP.196で習いましたね。

　　　What is she like?（彼女はどんな人ですか）

　　　これは、likeを動詞「好き」で使った場合の「彼女は何が好きですか？」と混同してしまいます。「好き」なものを聞く場合はWhat does she like?になります。

　　　だから、What's your new girlfriend like? と聞かれたときに、Oh, she likes fruit.「彼女は果物が好きなんだ」などと答えないように。

She's not good at remembering things.
「物覚えは悪いけどね」

〈be good at〜〉＝〜が得意

　　　「〜」の部分には名詞か動名詞（動詞＋ing）がきます。
　　　She's not good at cooking.（彼女は料理が不得意です）

She knows how to cook Japanese food.
「日本料理だってできるんだよ」

〈how to 動詞の原形〉＝〜のやり方

　　　直訳だと、「〜をどのようにするべきか」になります。これは「to不定詞」の応用表現です。日本語でもよく「〜のやり方」を教えるマニュアル本のことを「ハウツー本」などと呼びますね。
　　　She doesn't know how to drive a car.
　　　（彼女は車の運転の仕方を知らない）

Lesson 9 バーベキューって、何が必要だっけ？

CD-42

whatを使った疑問文の復習

（台所で）

A: What do we need for the barbecue?
B: Well, we need more hot dogs.
A: How about buns?
B: We have enough buns.
A: Do we need any soda?
B: Yes, we do. Let's get some lemonade, too.
A: All right.

単語熟語
barbecue＝バーベキュー
＊ハンバーガー、ホットドッグなどを屋外で焼くことを指しています。「焼き肉」とも違うのですね。
need＝〜を必要とする　bun＝（ハンバーガー・ホットドック用の）丸パン、ロールパン　enough＝十分な量の、十分な数の、〜に足る
all right＝よろしい、いいよ、オーケー

訳
A：バーベキューって、何がいるっけ？
B：そうだね、もっとホットドッグがいるわね。
A：パンの方はどうなの？
B：パンの方は十分にあるのよ。
A：ソーダはいるかな？
B：うん。それからレモネードも買っていこう。
A：よし。

Lesson 9

What do we need for the barbecue?

「バーベキューって、何がいるっけ？」

〈What do we need for〜?〉＝「〜には何が必要ですか」

下の文をみると、文の成り立ちがよくわかります。

　　①平叙文：　　　　We need more hot dogs for the barbecue.
　　②疑問文：　　　Do we need more hot dogs for the barbecue?
　　③what を使った文：

　　　　　　What do we need ☐☐☐☐ for the barbecue?

　　　　　　たずねたい部分を前に出します。

訳①私たちはバーベキューにもっとホットドッグが必要です。

　②私たちはバーベキューにもっとホットドッグが必要ですか？

　③私たちはバーベキューに何が必要ですか？

We have enough buns.

「パンの方は十分にあるのよ」

enough の使い方を覚えよう

enough を使っていろいろな表現ができます。

①That's enough.
　　　　（それで十分だ、もうやめなさい、いいかげんにしなさい）

②We have enough time.（十分な時間はある）

③I don't have enough money to buy the car.
　　　　（その車を買う十分なお金を私は持っていない）

Lesson 10 今週末に引っ越すのよ

近い未来を表現する進行形

(喫茶店でコーヒーを飲みながら)

A: I have a new apartment. I'm moving in this weekend.
B: What is it like?
A: Well, it has a large bedroom, a huge living room, and a big closet.
B: That's great. Where is it?
A: It's on Mountainview Drive.

単語熟語

apartment＝アパート
＊「mansion」は英語では「大邸宅」の意味。
large＝huge＝big＝大きな
＊本来はニュアンスが異なるが、ここではほぼ同じ意味。
closet＝クローゼット、押し入れ　view＝眺め
Drive＝通り　「drive」は「運転する」の意味もありますが、「Street」と同じように「～通り」といった意味でも使われます。
＊ここでは"Mountainview Drive"は通りの名前です。mountainには「山」、それからviewは上にあるように「眺め」を意味するように、山の眺めのよい通りだろうと想像できますね。

訳

A：新しいアパートに今週末引っ越すのよ。
B：どんなアパートなの？
A：寝室、居間、クローゼット、みんな大きいのよ。
B：それはすごいね。どこにあるの？
A：マウンテンビュー通り沿いよ。

Lesson 10

> この表現だけは押さえよう

I'm moving in this weekend.
「今週末に引っ越すのよ」

進行形の復習をしてみよう

今まで出てきたのは「be 動詞+ing」で「〜している」の意味を表していましたね。すなわち、「今、行っている動作」を表していました。もし、この感覚で上の例文を訳すと、「私はこの週末、引っ越しをしています」とちぐはぐになってしまいます。

この文では、現在進行形で「近い未来」を表しています。これは be going to〜と似ていますね。

a) I am visiting him next Friday.
b) I'm going to visit him next Friday.

この例文はどちらも「次の金曜日に私、彼に会いに行くの」という意味になり、近い未来を表します。

ここの move in は「新居に移り住む」の意味です。

「住まいの用語」を英語で言ってみよう

garage	＝車庫
bathroom	＝浴室・洗面所・トイレ
bedroom	＝寝室
kitchen	＝台所
dining room	＝食堂
living room	＝居間
family room	＝家族用部屋
basement	＝地下室

Lesson 11 電話番号を調べる

電話の英語に挑戦

（受話器を手にとって）
A: Directory assistance.
B: I need the number of Mr. Billy Joel.
A: How do you spell the last name?
B: J-O-E-L.
A: And the first name?
B: B-I-L-L-Y.
A: Thank you. The number is 987-6543.

単語熟語

directory assistance＝電話番号案内
＊電話帳は「a telephone directory」といいます。
last name＝姓、名字
＊「family name」ともいいますね。ご存じでしょうが、英語では姓と名の順番を日本と逆に言いますのでご注意を。
spell＝綴る　first name＝名、ファーストネーム　number＝電話番号

訳

A：番号案内です。
B：ビリー・ジョエルさんの電話番号をお願いします。
A：名字のスペルは？
B：J-O-E-L です。
A：ファーストネームは？
B：B-I-L-L-Y です。
A：お待たせしました。番号は987の6543です。

Lesson 11

この表現だけは押さえよう

How do you spell the last name?
「名字のスペルは？」

「how」は「どのように」と〈方法〉をたずねる疑問詞

　　　　この表現は海外旅行でホテルの予約や飛行機の座席のリコンファームをするときなどによく使われるので覚えておきましょう。

A: I'd like to reserve a single room for tonight.
（今晩、シングルルームの予約をしたいんだけど）
B: All right, sir. How do you spell your name?
（かしこまりました。お名前のスペルは？）

　補足ですが、電話ではアルファベットが聞き取りにくいことがよくあります。"A as in APPLE（アップルのA）"のように、説明の仕方が英語の表現にもありますので、時間があれば勉強してみるといいでしょう。

　ちなみに、日本ではDは「デー」の方が通じやすいのですが、アメリカでは「ディー」と発音しましょう。

The number is 987-6543.
「番号は987の6543です」

英語での数の言い方を覚えよう

　　(A)電話番号：987-6543（nine eight seven, six five four three）
　　(B)西暦：1998（nineteen, ninety-eight）
　　(C)時刻：7:32（seven thirty-two）
　　(D)月日：11月7日（November seventh）
　　(E)階：2階（second floor）
　　　　　地下（basement）
　注：実際に電話番号案内で、電話番号を調べる場合、その相手の住所なども聞かれることが多いようです。

Lesson 12　その男の年は？

過去形の復習

（ひったくりにあった青木さんは警官にそのことを報告します。）

Police: How old was he?
Aoki: He was about twenty.
Police: What was he wearing?
Aoki: He was wearing a blue jacket and glasses.
Police: Was he carrying anything?
Aoki: Yes, he was carrying a small bag.

単語熟語
about＝だいたい、およそ、約　wear＝着ている、身につけている
glasses＝メガネ、眼鏡　＊複数形の「es」をつけた形で使われることに注意して下さい。「眼鏡1個」ですと、「a pair of」を使った、「a pair of glasses」となります。
carry＝持ち運ぶ、持っていく　anything＝何か　bag＝袋、かばん、手さげ

訳
警官：その男の年は？
青木：だいたい20才ぐらいだったと思います。
警官：その男は何を着ていましたか？
青木：青いジャケットに、メガネをかけていました。
警官：何か手に持っていましたか？
青木：はい、小さなバッグを持っていました。

Lesson 12

この表現だけは押さえよう

How old was he?
「その男の年は？」

〈How old are you?〉＝あなたはいくつですか？

　　ここでは「その男は何才だったのか？」と聞いているので you が he と変わり、さらに過去にあったことなので過去形で表現されています。

What was he wearing?
「その男は何を着ていましたか？」

wear の使い方をマスターしよう

　　よく wear というと日本語の「着る」と訳してしまうため、「服」のことしか考えられない人も多いようですが、このことばには、服、シャツを「着る」、ズボン、スカート、靴を「はいている」、メガネを「かけている」、ネクタイを「しめている」、手袋、指輪を「はめている」、マフラー、化粧を「している」、香水、リボンを「つけている」、などすべての表現がこの wear でできます。上の文は、過去のことを言う進行形、つまり、過去進行形で表現されていましたが、現在のことを言う現在進行形にしてみましょう。

1）What │is│ he wearing？（彼は何を着ていますか？）

　　または主語を「あなた」の「you」に変えて

2）What │are│ │you│ wearing？（あなたは何を着ていますか？）

などと、いろいろな表現ができます。

QUIZ 7

一般的な英会話の練習

(　　)内にあてはまる語を入れて、対話を完成させましょう。

(1) A: I'm (　　). (　　) you (　　) me?
　　「道に迷ったのですが、助けてくれませんか？」
　　B: (　　).
　　「もちろん」（と言って教えてくれる）
　　A: (　　) you.
　　「行き方を教えてくれてありがとう。」

(2) (店の中で)
　　I (　　) always (　　) pants like these.
　　「俺、ずっとこんなズボン欲しかったんだ」
　　(　　) I (　　) these (　　)?
　　「試着していいかな？」

(3) A: (　　) do you (　　), Julia?
　　「ジュリア、職業は何してるの？」
　　B: I'm a doctor. What (　　) you?
　　「医者よ。あなたは？」

どうですか？　全問解けたでしょうか。
この章では「会話」を扱ったので、機会をつくって実際につかってみるといいと思いますよ。

正解 (1) lost, Can, help, Sure, Thank
(2) have, wanted, May, try, on
(3) What, do, about

〔著者紹介〕

巽　一朗（たつみ　いちろう）

　兵庫県西宮市生まれ。現在、NHKテレビ「ミニ英会話・とっさのひとこと」講師。The Language Institute of California校長。

　1984年オハイオ州立大学にてMBA（経営管理学修士）を取得。大学院在学中には大学基礎講座クラスでアメリカ人に経済学を教える。1984年から3年間、ニューヨークにある貿易会社United States Lines, Inc.に勤務。その経験を生かし、各企業の語学アドバイザリーも担当している。

　著書に『CD 2枚付　英語の発音がよくなる本』『「中学英語」を復習してモノにする本』『人気マンガで英会話が面白いほど身につく本』（共著）『英会話1日1分学習法』（以上、中経出版）、『これだけでOK！　海外旅行英会話』『私にもすぐわかる！入門英語』（NHK出版）、『英会話とっさのひとこと辞典』『聞こえた英語が全部わかる本』（DHC出版）などがある。

カラー版　CD付
中学英語を復習して英会話がペラペラになる本　(検印省略)

2004年8月3日　第1刷発行

著　者	巽　一朗（たつみ　いちろう）
発行者	杉本　惇

発行所	㈱中経出版
	〒102-0083
	東京都千代田区麹町3の2　相互麹町第一ビル
	電話　03(3262)0371（営業代表）
	03(3262)2124（編集代表）
	FAX 03(3262)6855　振替 00110-7-86836
	ホームページ　http://www.chukei.co.jp/

乱丁本・落丁本はお取替え致します。
DTP／フォレスト　印刷／三松堂印刷　製本／越後堂製本

ⓒ2004 Ichiro Tatsumi, Printed in Japan.
ISBN4-8061-2058-8　C2082

―――― 巽 一朗先生の本 ――――

新装版 中学英語を復習してモノにする本

英会話のすべての基本は、中学英語にある！ テレビ「ミニ英会話・とっさのひとこと」の講師として活躍する　先生が教える「やり直し英語」。

カラー版 CD付 中学英語を復習して英会話がペラペラになる本

大好評『「中学英語」を復習してモノにする本』の〈会話版〉。英語をすっかり忘れてしまった人も、4色カラーになったビジュアル解説と付属CDで英語力がよみがえる。

CD 2枚付 英語の発音がよくなる本

日本人の苦手な英語の発音を基本からやさしく指導。口の形、舌の位置を写真や図で見て解説で理解を深め、CDでネイティブの正しい発音を確認できる。

英会話1日1分学習法

本書はカレンダー形式で、1日1フレーズを紹介。全フレーズにイラストがついているから毎日楽しく勉強できる。CD付き。